Respeite seu voto

e

entenda para

que

ele serve

Kleber Thomaz Ramos

Autor:

Kleber Thomaz Ramos

Ex-Militar

Bacharel em Direito

Pós-graduado em Direito militar

Criador de conteúdo digital sobre política

Canal do Youtube:
www.youtube.com/@geracaod777

Página do Instagram: @geracaod777

"É melhor atirar-se à luta em busca de dias melhores, mesmo correndo o risco de perder tudo, do que permanecer estático, como os pobres de espírito, que não lutam, mas também não vencem, que não conhecem a dor da derrota, nem a glória de ressurgir dos escombros. Esses pobres de espírito, ao final de sua jornada na Terra não agradecem a Deus por terem vivido, mas desculpam-se perante Ele, por terem apenas passado pela vida."

Bob Marley

Agradecimentos:

Agradeço a Deus a oportunidade estar aqui escrevendo podendo fazer meu papel como cidadão, por que muitos dirão que foi apenas sorte, mas sempre foi Deus, também a minha mãe Sonia Aparecida Franco Ramos que sem o apoio dela não teria chegado até aqui, ela acreditou em cada sonho meu e me apoiando a tentar realiza-los me incentivando motivando a seguir em frente a cada fracasso e comemorando a cada vitória, agradeço a Leticia Oliveira Nascimento por me ajudar em minha jornada sempre confiando em modo diferente de ser, e ao meu Pai Jaime Tomaz Ramos que sempre apoio meus estudos e por suas lições a respeito da vida.

Sumário

Prefacio: 8
Introdução: 10
O sufrágio universal 18
Sufrágio restrito 19
Revolução Francesa 21
Sufrágio Feminino 23
Sufrágio censitário 24
O voto de acordo com a constituição de 1988 25
Do voto 30
Periodicidade do Cargo 32
O alistamento eleitoral 34
Capacidade eleitoral Passiva 38
Suspenção dos direitos políticos 40
Tripartição do poder. 44
A origem da tripartição do poder 49
A tripartição no Brasil 52
Sistema de freios e contrapesos 64
Prefeito 66
Origem das prefeituras 67
Como se elege um prefeito 69
Qual a função de um prefeito 70
Requisitos para ser prefeito 72
Vereador 73
Qual função de um vereador 75

Governador 86
Deputado estadual 94
Atividades de deputado estadual 98
Deputado federal 100
Quais as funções de um deputado federal 105
Congresso nacional 116
Senador 123
Presidente da República 132
Conclusões 154

Prefacio:

Olá, meu caro leitor apresento este livro que vai te mostrar a importância do seu voto, para que você nunca mais deixe de dar valor a este direito, que e tão importante, que as vezes não damos o devido lavor e só acabamos vendo esta importância quando eventualmente perdemos o que a muito comum nas diversas ditadura que existem no mundo e que já existiram.

Vamos passar pelo conceito histórico de voto até como o no nosso sistema vê o direito de ser votado e de votar, entendo quais são as funções de cada cargo que votamos durante uma eleição para desta forma podermos cobrar de forma correta cada eleito e assim evitar de sermos enganados algo que e tão comum durante o processo eleitoral.

E convido você a esta jornada para entendermos a política através do voto para que assim nossa nação avance e siga no caminho da evolução para que apolítica não cause mais revés se aproveitando de nossa ignorância para galgarem seus postos de poder usando o povo como uma verdadeira escada então vamos lá nos livras destes grilhões da ignorância eleitoral.

E espero que a partir deste livro possamos juntos passar a valorizar de formal sem igual este direito tão importante de votar e sermos votados, então sejam bem vindos a esta jornada de conhecimento.

Introdução:

Nós temos a origem de voto por fontes não muito confiáveis com que votos tinha já nos povos druidas e hindus que através de seus sacerdotes escolhiam seus líderes, mas que podemos ter com certeza do fato mais bem relatado são da criação das cidades estados na Grécia antiga em Atenas surgimento da democracia no século 5 antes de Cristo qual somente os cidadãos poderia exercer seu voto.

Vamos entender exatamente com funcionava na Grécia antiga a questão do voto, primeiramente a leis era definido por um pequeno grupo de pessoas que era chamados de Eupátridas (pessoas bem nascidas) que eram donos de terra produtivas na Grécia.

Foram tendo evolução estendendo este direito a voto aos cidadãos, mas não entenda o conceito de cidadão de hoje com o que era da Grécia antiga.

O cidadão segundo a lei de Péricles, homens que fossem filhos de pessoa que eram detentoras do mesmo estatuto, o pai também devia reconhecer o filho isto dentro da cidade de Atenas logo após o nascimento a criança participava de uma cerimônia doméstica que era denominada *cerimonia das anfidromias* era um conjunto de rituais para purificar o neófito e ele era apresentado à *fatria* instituição que o legitimava.

Ou seja, a cidadania era um privilégio para um pequeno grupo de pessoas que eram homens livres donos de terras eram excluídos os escravos, crianças, velhos, mulheres, comerciantes, artesoes e estrangeiro e homens que praticavam sexo com outros homens de forma passiva (sendo de forma ativa sem problemas).

Agora fazendo um salto histórico indo para nosso amado pais, tivemos o primeiro exercício do voto logo 32 anos após a chegada dos portugueses em nosso território.

Em 1532 no município atual de São Vicente Litoral de São Paulo as pessoas foram convocadas para escolher seus 6 representantes que estes escolheriam os oficiais do conselho municipal. Durante o pleito ficava proibido a presença no local de votação de oficiais do reino para que assim não constrangesse a pessoas durante a sua votação, esta eleição foi indireta.

Mas somente em 1821 que as eleições deixaram de acontecer no âmbito municipal e aconteceu a nível nacional, porém não havia uma lei eleitoral, sendo assim utilizada com molde a constituição espanhola para eleger seus 72 representantes junto a corte portuguesa, lembrando que o brasil nesta época era uma monarquia.

Mas como acontecia na Grécia antiga aqui no Brasil somente tinha direito a voto cidadãos e conceito era que tinham que ser homens maiores de idade livres, ou seja, escravos e mulheres não eram considerados cidadãos.

Pulando um pouco mais à frente de nossa história vamos a Proclamação da República aqui no brasil onde temos sacramentado a questão do voto no nosso país.

Em 15 de novembro de 1889 acontece nossa derrubada no regime monárquico aqui no Brasil um resultado devido a um grande enfraquecimento por um longo período que enfrentou na década de 1870 a insatisfação dos militares.

A conspiração contra monarquia teve a participação do marechal Deodoro da Fonseca que ficou encarregado de comandar a derrubada do gabinete ministerial, no dia 15 mesmo houve movimentação políticas que levaram a José do Patrocino proclamar a república na câmara municipal do rio de janeiro.

Tomado por uma crise profunda no império e com uma incapacidade real de atender novas demandas da população brasileira que teve início após a guerra do Paraguai, mesmo coma vitória brasileira a coroa brasileira sai muito enfraquecida deste embate com os novos arranjos políticos, sendo capitaneada por dois grandes grupos sendo o primeiro grupo o político que queria uma modernização do país e uma nova agenda política e segundo a grande grupo era os militares.

No que tange os militares esta insatisfação se deu pois logo após a guerra do Paraguai se tornou uma instituição profissional que começou se organizar por defesa de seus direitos que seriam aumento de salário e uma melhora no sistema de carreira e tendo também a exigência de manifestar suas opiniões políticas, começando surgir a visão de que eles eram responsáveis pela tutela do estado.

Muitos militares passaram defender uma modernização de que pais fosse transformado em uma república ditatorial que consistia em que um governante representaria o interesse do povo.

Já por parte do grupo político a insatisfação vinha de forma mais latente por províncias com por exemplo a de São Paulo que havia uma sub-representação política, uma vez que já naquela época já era o principal estado por conta de sua economia forte, os liberais até tentaram incluir parte da sociedade no eleitorado, mas na prática que acabou acontecendo foi a instauração da lei Saraiva que reduzia drasticamente o eleitorado brasileiro.

O partido republicano Paulista emergiu no clube radical que era formado por paulista que estava insatisfeitos com a centralização do poder por parte da coroa, e o partido só surge graças ao manifesto republicano de 1870, eles propunham um federalismo para ficar oposto a ideia de centralização do governo da coroa.

Inicia uma conspiração contra a monarquia no brasil com associações e grupos defensores do republicanismo começa a fazer movimentos de rua e a impressa da época começa a propagar as ideias em suas publicações.

Pessoas como Benjamin Constant, Quintino Bocaiuva Antônio da silva jardim, Jose do patrocínio se associam a fim de implementar a república n brasil, e o exército cada vez com uma instabilidade maior.

A proclamação toma corpo e se faz real através de um golpe encabeçado por militares, mas contando também com participação civil.

Surgi então um governo provisório que tinha na sua composição os envolvidos no golpe contra monarquia, a exemplo de Quintino bocaiuva assumi as pastas de relações exterior e Deodoro Da Fonseca conduzido à presidência entre outros nomes, e com isto família real e expulsa do brasil compelida a deixa o território dentro de 24 horas.

E com a implementação da república e diversos acontecimentos de suma importância entre eles estão:

- Implementação do federalismo
- Estabelecimento do sufrágio universal masculino e fim do voto censitário
- Estabelecimento do presidencialismo

O sufrágio universal

Quando falamos em sufrágio universal e a tipificação do direito de voto e a de ser votado um direito que pertence a todos da sociedade. Sendo o sufrágio do direito e a liberdade de escolha ao seu representante que defendera suas ideia e pensamento para o todo da sociedade.

Então é um resumo o sufrágio universal e a amplitude do direito de todos votar e serem votados independente de gênero, gênero castas ou qualquer outro balizador que cause distinção entre um ser humano ou outro.

Sufrágio restrito

Ao contrário do conceito do sufrágio universal, o restrito já impõe condições ao exercício deste direito como vimos no capítulo anterior algum tipos de condições como na Grécia antiga e aqui mesmo no Brasil ou seja estas condições limitam tanto o direito de votar o qual não e para todos e sim depende de condições específicas como também atinge o direito de ser votado ou seja você não vai poder votar em quem mais teria condições na sua análise para representar o conjuntos de ideias na política mas sim a pessoa que tem a condições especificas para ser votado.

E durante a idade média como exemplo vivemos um sistema político o qual era restritivo na Europa aonde somente o senhor feudal que seja um nobre o qual era dono das terras e comandava toadas as ações políticas e administrativas dentro do feudo.

Com passar do tempo mais ou menos por volta do século XV com a criação dos estados nacionais as questões políticas e administrativas foram delegadas aos reis, e com esta maneira administrativa o único cidadão seria o rei.

Revolução Francesa

A ideia de sufrágio universal começam a criar corpo e força durante o período chamado de Iluminismo, que era movimento político e intelectual. os filósofos e pensadores do iluminismo tinha como ideia que o governo a absoluto dos reis.

Com o iluminismo a ideia de que todos são iguais e que deveria se haver um limite a liberdade das pessoas, como sua máxima de liberdade e igualdade só são possíveis com a acesso a todos a participação política e um sistema que tivesse uma separação do poder legislativo, e que pudesse periodicamente fosse trocados de suas posições através da escolha do povo.

Temos como primeira experiencias do sufrágio ampliado (não universal) são durante a independência dos Estados Unidos e na Revolução Francesa, porem temos que ressaltar que apesar de ser um modelo político mais liberal eles não entendiam que o sufrágio como um direito universal.

No Estados Unidos não entendia que a nobreza seria uma classe privilegiada politicamente, mas faziam distinção de classe social e de ganhos financeiros, já na política francesa não se permitia o voto de mulheres.

Sufrágio Feminino

O sufrágio de mulheres tem seu surgimento na história ocidental com intensas lutas contra a desigualdade no século XIX, tendo como primeiro país a reconhecer o direito feminino ao vota e a nova Zelândia em 1893, mesmo assim muitos lugares continua coma limitação do sufrágio.

Já nos Estados Unidos o sufrágio feminino tem seu início em 1915 já aqui no Brasil somente em 1932 e sendo a última grande nação a reconhecer o voto feminino sendo a França 1945.

Sufrágio censitário

O termo censitário e usado para quando o requisito para acesso ao voto e definido como condições financeira, de gênero ou outras condições assim a lei exigir para o exercício do direito do sufrágio, no Brasil tivemos o sufrágio censitário na época do império aonde somente homens alfabetizados e com ganho de no mínimo de 100 mil reis poderia exercer seu direito.

Porem permaneceu ainda com outros critérios a te a constituição de 1988, sendo assim até constituição tivemos via de regras impedidos de vota as mulheres até 1932 depois somente mulheres alfabetizadas, porem tiveras outras restrições como a analfabetos e as praças militares (soldados, cabos, sargentos) também não podiam votar tendo esta mudança apenas com advento da constituição cidadã de 88.

O voto de acordo com a constituição de 1988

Com o advento da constituição de 1988 ficou definido que soberania popular aplica sobre o indivíduo duas características sendo a primeira a qualidade de cidadão e segunda os poderes e direitos políticos.

A conceito e a materialização do direito políticos tem sua textificação nos artigos 13 a 17 de nossa carta magna e lembrar sempre que outros dispositivos legais podem trazer mais sobre este tema, mas sempre lembrar das ordens hierárquicas das leis a constituição está no topo das leis ou seja todas as leis que vierem tratando o tema deve respeitar o que trazido no texto constitucional.

Então os direitos políticos dão ao indivíduo capacidade de votar a cargos nas três esferas de poder tanto municipal como estadual e federal veremos mais a frente como o governo se divide e votamos em alguns cargos administrativos como um exemplo que o cargo de conselheiro tutelar.

Como veremos no artigo 14 da constituição como será exercido nosso sufrágio:

> *Art. 14. A soberania popular será exercida pelo sufrágio universal e pelo voto direto e secreto, com valor igual para todos, e, nos termos da lei, mediante:*
>
> *I - Plebiscito;*
>
> *II - Referendo;*
>
> *III - iniciativa popular.*

Após a leitura deste artigo da constituição federal fica muito claro que nosso sistema opta pelo sufrágio universal, todos poderão participar das eleições nas 3 formas prevista na constituição.

O voto tem como sua forma direto e secreto como definido pela própria carta magna, porem hoje nosso ordenamento jurídico vê sua exceção no que tange o direito a elegibilidade por conta da conhecida lei da ficha limpa a qual traz e seu texto algumas exceções.

Vou abrir aqui um espaço para uma crítica muito severa a esta lei que foi muito comemorada devido a história que temos de uma série de casos de corrupção nas esferas de poder que seria desta forma uma maneira da população alcançar a justiça.

Porem este objetivo nunca se alcançou e que na prática foi feito e que população renunciou a seu direito de escolha de transferiu ao um burocrata (que carinhosamente chamo de FUNÇA) que este poderá definir quem pode participar do pleito ou não.

Explicando melhor um juiz através de uma decisão condenatória poderá tornar inelegível impedindo que ele participe do pleito e isto e um absurdo, imaginando em caso hipotético em que um sistema judiciário corrompido queria tornar um cidadão de forma infundada ou com erro de judiciário uma condenação que se enquadre no que se encontra previsto na lei da ficha limpa a população fica de mãos atadas a exercer o controle deste sistema corrompido ou errado.

Sendo esta lei uma agressão ao próprio espírito constitucional que define que o poder emana do povo, ou seja, a maior condenação que um povo pode fazer a um governante e através do seu voto que exército regularmente se povo acha que a condenação foi justa correta simplesmente não vote ou vote mostrando assim que tipo de governante que espelha à vontade pelo menos da maioria uma vez que vivemos em uma democracia que sua maioria simples define.

Porem esta discussão problemática e muito séria e profunda necessitando um livro próprio para esta discussão fugindo muito da temática proposta para esta obra, então só para não deixar passar em branco este alerta que esta lei poderá selar muito profundamente nosso futuro como uma democracia agora retornemos a nossa discussão central do livro.

Do voto

A forma que ele aplicado para não restar alguma dúvida vamos explicar cada caraterística:

a) Universal: todos indivíduos capazes conforme constituição podem participar.
b) Direto: cada voto será contado e atribuído a cada representante escolhido neste voto, por mais boba que pareça estas definições são muito importante que sabe sempre lembrar toda ditadura leva nome de democracia.
c) Secreto: não pode ser revelado identidade da pessoa que votou afim de evitar perseguições ou represarias de qualquer espécie (isto não pode se confundir com voto impresso o qual serve meramente para

recontagem no caso de dúvidas ou problemas na apuração) desta forma deixando o voto isonômico.

d) Periodicidade; esta característica está intimamente ligada o próprio conceito de república que de determinado tempo deve se ter uma alternância no poder, tempos em tempo deve ser posto o cargo e seus ocupantes a disposição da vontade da população.

Periodicidade do Cargo

A própria constituição no seu artigo 27§1º e 46§1º diz que todos os cargos terá duração dos 4 anos com exceção do senador que durara por 8 anos.

> *Art. 27. O número de Deputados à Assembleia Legislativa corresponderá ao triplo da representação do Estado na Câmara dos Deputados e, atingido o número de trinta e seis, será acrescido de tantos quantos forem os Deputados Federais acima de doze.*
>
> *§ 1º Será de quatro anos o mandato dos Deputados Estaduais, aplicando- sê-lhes as regras desta Constituição sobre sistema eleitoral, inviolabilidade, imunidades, remuneração, perda de mandato, licença,*

impedimentos e incorporação às Forças Armadas.

Art. 46. O Senado Federal compõe-se de representantes dos Estados e do Distrito Federal, eleitos segundo o princípio majoritário.

§ 1º Cada Estado e o Distrito Federal elegerão três Senadores, com mandato de oito anos.

O alistamento eleitoral

E um procedimento inicial para o exercício do voto e durante este momento que e verificado todas as condições e pressupostos previsto na lei para a participação no sufrágio universal e todas estas condições estão prevista na constituição no artigo 14 §1º:

> *§ 1º O alistamento eleitoral e o voto são:*
>
> *I - Obrigatórios para os maiores de dezoito anos;*
>
> *II - Facultativos para:*
>
> *a) os analfabetos;*
>
> *b) os maiores de setenta anos;*

c) os maiores de dezesseis e menores de dezoito anos.

§ 2º Não podem alistar-se como eleitores os estrangeiros e, durante o período do serviço militar obrigatório, os conscritos.

Trazendo que como curiosidade nosso ordenamento jurídico prevê a figura do serviço militar obrigatório ou seja todo homem no ano que completa 18 anos deve se alistar nas forças armadas afim de prestar o serviço durante o período de um ano, entre o alistamento e devida incorporação na em uma das três forças(Marinha, Exército e Aeronáutica) leva um ano ou seja a prestação do serviço ocorre somente no ano em que homem completa 19 anos e durante este período que ele se alistou e ainda não assumiu o posto na força designada o homem leva nome de conscrito.

Com a leitura a constituição conseguimos entender que voto e um direito dever pois ele e obrigatório aos maiores de 18 anos e menores de 70 fora desta faixa etária ele e facultativo.

Porem dentro do escopo de idade termos algumas limitações para caragos com requisito de idade mínima como a exigência de nacionalidade sendo alguns casos exclusivos a brasileiros natos (nascidos brasileiros).

> *Art. 14. A soberania popular será exercida pelo sufrágio universal e pelo voto direto e secreto, com valor igual para todos, e, nos termos da lei, mediante:*
>
> *VI - A idade mínima de:*

a) trinta e cinco anos para Presidente e Vice-Presidente da República e Senador;

b) trinta anos para Governador e Vice-Governador de Estado e do Distrito Federal;

c) vinte e um anos para Deputado Federal, Deputado Estadual ou Distrital, Prefeito, Vice-Prefeito e juiz de paz;

d) dezoito anos para Vereador.

Capacidade eleitoral Passiva

Podemos descrever esta capacidade como a qualidade de quem se encontra apto a receber votos(elegibilidade) de ser eleito a cargos que sem encontra em disputa no pleito eleitoral.

A elegibilidade e atingida pela pessoa que preenche os requisitos legais previsto na nossa constituição no artigo 14:

> *§ 4º São inelegíveis os inavistáveis e os analfabetos.*
>
> *§ 5º O Presidente da República, os Governadores de Estado e do Distrito Federal, os Prefeitos e quem os houver sucedido, ou*

substituído no curso dos mandatos poderão ser reeleitos para um único período subsequente. (Redação dada pela Emenda Constitucional nº 16, de 1997)

§ 6º Para concorrerem a outros cargos, o Presidente da República, os Governadores de Estado e do Distrito Federal e os Prefeitos devem renunciar aos respectivos mandatos até seis meses antes do pleito.

§ 7º São inelegíveis, no território de jurisdição do titular, o cônjuge e os parentes consanguíneos ou afins, até o segundo grau ou por adoção, do Presidente da República, de Governador de Estado ou Território, do Distrito Federal, de Prefeito ou de quem os haja substituído dentro dos seis meses anteriores ao pleito, salvo se já titular de mandato eletivo e candidato à reeleição.

Suspenção dos direitos políticos

E perca dos direitos políticos por um certo período, tendo sua base no artigo15 inciso III da CF/88 que enquanto os efeitos da condenação penal, ficam suspensos os direitos políticos trazendo assim ao indivíduo a inelegibilidade.

> *Art. 15. É vedada a cassação de direitos políticos, cuja perda ou suspensão só se dará nos casos de:*
>
> *I - Cancelamento da naturalização por sentença transitada em julgado;*
>
> *II - Incapacidade civil absoluta;*

> *III - condenação criminal transitada em julgado, enquanto durarem seus efeitos;*
>
> *IV - Recusa de cumprir obrigação a todos imposta ou prestação alternativa, nos termos do art. 5º, VIII;*
>
> *V - Improbidade administrativa, nos termos do art. 37, § 4º.*

Outra condição trazida pela carta magna e figura incapacidade civil absoluta, ou seja, por motivo de doenças (inimputável) ou alguma característica que nosso código civil determina para capacidade civil este individuo de forma enquanto durar a incapacidade terá sobre si a inelegibilidade.

Porem quando analisamos o caso de parlamentares este tem um regimento específico, tendo uma condenação condenatório com seu trânsito em julgado vai seguir a regra prevista no artigo 55 da CF/88:

Art. 55. Perderá o mandato o Deputado ou Senador:

I - Que infringir qualquer das proibições estabelecidas no artigo anterior;

II - Cujo procedimento for declarado incompatível com o decoro parlamentar;

III - que deixar de comparecer, em cada sessão legislativa, à terça parte das sessões ordinárias da Casa a que pertencer, salvo licença ou missão por esta autorizada;

IV - Que perder ou tiver suspensos os direitos políticos;

V - Quando o decretar a Justiça Eleitoral, nos casos previstos nesta Constituição;

VI - Que sofrer condenação criminal em sentença transitada em julgado.

Neste ponto em diante desta obra vamos começar analisar os efeitos do sufrágio, ou seja, apara aonde seu voto vai e qual importância dele no nosso sistema político e que cada ente político que recebeu seu voto ele tem como dever a sua importância para assim poder dar mais valor ao seu voto como também poder fazer uma cobrança efetiva para os políticos sabendo o que cada um em cada esfera tem por responsabilidade.

Tripartição do poder.

A nossa carta magna faz a clara separação entre cada função do estado, levando em consideração que o poder do estado e uma força una, estabelecendo funções típicas e atípicas para garantir o exercício de cada função.

Fica estabelecido também o sistema de freios e contra pesos que permite que cada um dos três poderes se fiscalize e ponha limites aos atos praticados por cada poder afim de assim permanecerem harmônicos entre si.

Poder legislativo tem como função originaria a função legislativa, ou seja, criar leis como também ir inovando a o conjunto de normas de acordo como a nossa sociedade vai evoluído, e tendo como função atípica de exercer a função jurisdicional aplicando a lei no caso concreto como está previsto no artigo 52 da CF.

> *Art. 52. Compete privativamente ao Senado Federal:*
>
> *I - Processar e julgar o Presidente e o Vice-Presidente da República nos crimes de responsabilidade, bem como os Ministros de Estado e os Comandantes da Marinha, do Exército e da Aeronáutica nos crimes da mesma natureza conexos com aqueles; (Redação dada pela Emenda Constitucional nº 23, de 02/09/99)*
>
> *II processar e julgar os Ministros do Supremo Tribunal Federal, os membros do Conselho Nacional de Justiça e do Conselho Nacional do Ministério Público, o Procurador-Geral da República e o Advogado-Geral da União nos crimes de responsabilidade; (Redação*

dada pela Emenda Constitucional nº 45, de 2004)

O executivo com passar dos anos teve modificações na sua função original, na sua origem o estado não intervia na ordem econômica e social tinha como sua única função a defesa do estado através da segurança externa interna passando por este período tivemos uma mudança drásticas passando o estado intervir de forma mais agressiva com mercado e na ordem social desta forma o poder o executivo passa acumular atribuições.

Cabe ao poder executivo administrar o estado conforme o previsto em lei sendo esta função típica, aplicando a lei de forma rigorosa atendendo o interesse social e administrando a coisa pública.

Então basicamente tudo que temos no nosso dia-dia como segurança, saúde, educação, zeladoria do município, estado e país dependo da esfera do poder executivo assim percebemos que o poder executivo e que mais tem funções que os demais poderes.

Já ao poder judiciário tem como sua função a solução de conflitos com a aplicação da lei de acordo com caso concreto que é levado a sua análise buscando interesse social, sempre lembrando que este poder deve estar atrelado ao princípio da inercia, cabendo somente sua atuação conforme a parte provoque o poder legislativo a sua atuação.

Mas abrindo uma pequena reflexão aqui que este princípio anda cada vez mais sendo desrespeitado uma vez que vemos ao ativismo judicial tendo como regra na sua atuação e isto causa uma espécie de ditadura da toga uma vez que se o próprio juiz age sem provocação de uma das partes, gerando uma falta de aplicação de uma segunda observação sobre o problema uma vez que não teria a quem recorrer para contestar a decisão tomada.

Por isto o poder judiciário deveria ficar a adstrito de somente agir quando for provocado para os debates, desta forma o judiciário está entrando cada vez mais nas atribuições do legislativo e diminuído a representatividade do povo na regulação da própria sociedade. já os membros do judiciário não detém voto não são uma representação de parcela da sociedade.

A origem da tripartição do poder

Na sua origem amis básica vemos o primeiro a falar sobre a tripartição Aristóteles quando criou a sua obra "Politica" na obra o filosofo dizia sobre a existência de três funções distintas exercidas por um único governante, sendo a função de criar normas, fazer que elas sejam cumpridas e julgar atos contrários à está normas que seriam estabelecidas por ele mesmo.

Aristóteles inserido no momento histórico de sua existência da justiça, se as três funções ficassem a carago da mesma pessoa. O soberano se tornaria incontestável cabendo o monarca aditar a normal de acordo com sua necessidade e obrigar a sua execução podemos usar como exemplo a celebre frase dita pelo monarca Luiz XIV "o Estado sou eu".

Com o passar do tempo a teoria desenvolvida por Aristóteles foi aperfeiçoada por Montesquieu em sua obra O Espírito das Leis a maior diferença que o pensador trouxe foi a real separação em três poderes diferentes que seriam autônomos e independentes entre si, expondo uma verdadeira preocupação a limita o poder do estado.

A teoria faceava com o absolutismo servindo como pilar para revolução francesa e como também para americana, fazendo que declaração de direitos do homem e do cidadão fossem tratadas como um dogma constitucional.

Montesquieu idealizou a teoria da separação dos poderes, foi um grande teórico do século XVIII, nos ensinando:

> *"Estaria tudo perdido se um mesmo homem, ou mesmo corpo de principais ou de nobres, ou de povo, exercesse estes três poderes: ode Fazer as leis; ode executar as resoluções públicas; ou de julgar os crimes ou as demandas dos particulares".*
>
> *(Montesquieu 1987, p.165)*

O pensador francês tinha como sempre ideia de criar um mecanismo que se limita atuação do poder para que este não tenha um exercício sem limites e com esta limitações atingiria um governo ideal.

A tripartição no Brasil

A carta magana já no seu 2° artigo já traz em seu texto a determinação da tripartição do poder do estado:

> *Art. 2º São Poderes da União, independentes e harmônicos entre si, o Legislativo, o Executivo e o Judiciário.*

Os legisladores originais definiram que o no poder executivo seria feito por meio do presidencialismo dano ao presidente o dever de administra o país com ajuda de seus ministros.

Desta forma o presidente da república também tem a incumbência como chefe do estado representando a federação junto outros chefes de estado de outras nações, mas mais afrente no livro vamos relatar cada função de cada ente político e suas funções.

Poder legislativo como seu próprio nome diz tem como função original a criação de leis produzindo normas como também fiscalizar atitudes praticadas pelo poder público.

Na esfera federal temos o congresso federal que o órgão que uni o senado federal e câmara dos deputados onde está duas casas que se debate a elaboração das leis em âmbito federal, elas podem ter seu trabalho de forma bicameral aonde as duas casas se unem para deliberar ou seja senadores e deputados federais votando juntos, e outra forma e unicameral aonde primeiro delibera as câmaras dos deputados depois o senado federal age como a casa revisora.

Estas atividades são descritas no artigo 48 de nossa constituição que versa:

> *Art. 48. Cabe ao Congresso Nacional, com a sanção do Presidente da República, não exigida está para o especificado nos arts. 49, 51 e 52, dispor sobre todas as matérias de competência da União, especialmente sobre:*
>
> *I - Sistema tributário, arrecadação e distribuição de rendas;*
>
> *II - Plano plurianual, diretrizes orçamentárias, orçamento anual, operações de crédito, dívida pública e emissões de curso forçado;*
>
> *III - fixação e modificação do efetivo das Forças Armadas;*

IV - Planos e programas nacionais, regionais e setoriais de desenvolvimento;

V - Limites do território nacional, espaço aéreo e marítimo e bens do domínio da União;

VI - Incorporação, subdivisão ou desmembramento de áreas de Territórios ou Estados, ouvidas as respectivas Assembleias Legislativas;

VII - transferência temporária da sede do Governo Federal;

VIII - concessão de anistia;

IX - Organização administrativa, judiciária, do Ministério Público e da Defensoria Pública da União e dos Territórios e organização judiciária e do Ministério Público do Distrito Federal; (Redação dada pela Emenda Constitucional nº 69, de 2012) (Produção de efeito)

X - Criação, transformação e extinção de cargos, empregos e funções públicas, observado o que estabelece o art. 84, VI, b; (Redação dada pela Emenda Constitucional n° 32, de 2001)

XI - criação e extinção de Ministérios e órgãos da administração pública; (Redação dada pela Emenda Constitucional n° 32, de 2001)

XII - telecomunicações e radiodifusão;

XIII - matéria financeira, cambial e monetária, instituições financeiras e suas operações;

XIV - moeda, seus limites de emissão, e montante da dívida mobiliária federal.

XV - Fixação do subsídio dos Ministros do Supremo Tribunal Federal, observado o que dispõem os arts. 39, § 4°; 150, II; 153, III; e 153, § 2°, I. (Redação dada pela Emenda Constitucional n° 41, 19.12.2003)

O senado e composto por 81 senadores que são eleitos pelos estados membros e pelo distrito federal que são eleitos pela votação majoritária sendo eleito a 3 senadores e cada senador com 2 suplentes como visto anteriormente com mandato de 8 anos podendo se reeleger sucessivamente diferente de que ocorre com chefe do executivo que somente e permitido uma reeleição.

Já no que concerne a câmara dos deputados ela e composta por um total de 513 deputados de cada estado da federação tendo cada estado no mínimo entre 8 e no máximo 70 representantes tendo os seus mandatos de 4, mas mais para frente vamos ver de forma mais aprofundada a função do deputado federal e dos outros entes políticos, as previsões de atribuições da câmara dos deputada encontra no texto no artigo 51 da constituição.

Art. 51. Compete privativamente à Câmara dos Deputados:

I - Autorizar, por dois terços de seus membros, a instauração de processo contra o Presidente e o Vice-Presidente da República e os Ministros de Estado;

II - Proceder à tomada de contas do Presidente da República, quando não apresentadas ao Congresso Nacional dentro de sessenta dias após a abertura da sessão legislativa;

III - elaborar seu regimento interno;

IV - Dispor sobre sua organização, funcionamento, polícia, criação, transformação ou extinção dos cargos, empregos e funções de seus serviços, e a iniciativa de lei para fixação da respectiva remuneração, observados os parâmetros estabelecidos na lei de diretrizes orçamentárias; (Redação dada pela Emenda Constitucional nº 19, de 1998)

> *V - Eleger membros do Conselho da República, nos termos do art. 89, VII.*

Já nível estadual temos as assembleias legislativas que já opera no sistema unicameral uma vez que os estados só têm a figura do deputado estadual, já no âmbito municipal já o poder legislativo e feito através das câmaras municipais sendo também unicameral onde os vereadores exercem suas atividades legislativas.

Porém não podemos deixar de falar do poder judiciário contudo como este não são representando através do voto sai um pouco do escopo de nosso livro porem daremos uma pequena pincelada para um entendimento melhor do cenário político e de como seu voto pode interferir no cenário do judiciário.

Ao poder judiciário fica relegada a tarefa de resolução dos conflitos gerados por descumprimento dos preceitos legais previamente estabelecidos, tendo sua estrutura prevista no artigo 92 da CF:

> *Art. 92. São órgãos do Poder Judiciário:*
>
> *I - O Supremo Tribunal Federal;*
>
> *I-A o Conselho Nacional de Justiça; (Incluído pela Emenda Constitucional nº 45, de 2004)*
>
> *II - O Superior Tribunal de Justiça;*
>
> *II-A - o Tribunal Superior do Trabalho; (Incluído pela Emenda Constitucional nº 92, de 2016)*
>
> *III - os Tribunais Regionais Federais e Juízes Federais;*
>
> *IV - Os Tribunais e Juízes do Trabalho;*
>
> *V - Os Tribunais e Juízes Eleitorais;*
>
> *VI - Os Tribunais e Juízes Militares;*
>
> *VII - os Tribunais e Juízes dos Estados e do Distrito Federal e Territórios.*

§ 1º O Supremo Tribunal Federal, o Conselho Nacional de Justiça e os Tribunais Superiores têm sede na Capital Federal. (Incluído pela Emenda Constitucional nº 45, de 2004) (Vide ADIN 3392)

§ 2º O Supremo Tribunal Federal e os Tribunais Superiores têm jurisdição em todo o território nacional. (Incluído pela Emenda Constitucional nº 45, de 2004)

O supremo tribunal federal e a guardiã da constituição feral tem por natureza a julgamento de questões que envolva questões e garantias constitucional como a título de exemplo habeas corpus por ser um direito previsto em nossa carta magna ele e julgado pela suprema corte, também é seu dever deliberar sobre constitucionalidade de normas que venham a ser elaboradas ou que já esteja em nosso ordenamento jurídico.

Por ser a constituição nossa norma máxima todas a outras leis derivadas e o própria emendas devem respeitar os limites que constituição de 88 estabelece em seu texto original, podemos entender melhor esta hierarquia das leis através da pirâmide de HANS KELSEN:

A escolha dos ministros que compõe a suprema corte e feita através de indicação do presidente da república que após a sua indicação o nome do candidato a ministro e levado ao senado federal que efetua uma sabatina para auferir seus conhecimentos com aprovação pelo senado o ministro e empossado no cargo o qual ocupara de forma vitalícia (75 anos) quando ocorre a aposentadoria compulsória.

Os requisitos para ser ministro do supremo tribunal federal e ser maior de 35 anos Brasileiro nato, notável saber jurídico e reputação ilibada.

Importante deixar claro que notável saber jurídico não tem nada a ver com formação acadêmica em direito, existe até um fato em nossa história onde tivemos um ministro que ocupou o cargo de 25 de novembro 1893 a 3 de maio de 1909 seu nome era Candido Barata Ribeiro que tinha como sua formação a medicina.

Sistema de freios e contrapesos

Com base nos pensamentos de Aristóteles e John Locke (segundo tratado do governo civil), durante revolução francesa Montesquieu amplia o entendimento de tripartição de poder iniciando assim necessidade do sistema s de freios e contra pesos.

Ele e um controle do poder exercido por cada uma das três partes que compõe o estado que ao mesmo tempo que cada parte tem sua autonomia independência existem mecanismo que a qual um fiscaliza certas atitudes do outro poder assim evitar que um avance a na competência do outro e não se inicie uma tirania.

Aqui no Brasil o legislativo pode caçar o mandado do poder executivo através do processo de impeachment quando a ferimento de normas, sendo assim o poder legislativo impõe uma limitação a atitude do poder executivo.

Já o poder judiciário através do STF tem competência exclusiva de julgar crimes cometido por membros do poder legislativo, desta forma exercendo uma limitação ao avanço que possa vir cometer.

E cabe ao senado um ente do poder legislativo pode cassar o mandato de um ministro do STF através de um processo e impeachment.

Como podemos ver através deste mecanismo os três poderes coloca uma certa limitação quando algum dos poderes avance além de suas atribuições.

Prefeito

A partir de agora vamos entender a função de cada ente político desta forma sabendo o que cada um faz fica mais fácil de cobrar nosso direito e exigir que cumpra suas funções originarias, pois afinal foi são eles que receberam nosso tão precioso voto qual e o bem mais precioso que temos sendo a materialização de nossa liberdade.

O prefeito e o ente político por cuidar de nossos municípios sendo ele o representante do poder executivo no nível municipal, igualmente visto a esfera federal o líder do executivo não exerce suas atividades sozinho o prefeito conta coma ajuda de seus secretários nomeado por ele mesmo a cada pasta que se divide por tema importante a cada município.

Origem das prefeituras

O cargo de prefeito surgi somente por volta de 1930, sendo que até 1889 administração municipal era exercida por câmaras municipais quais os vereadores integravam porem coma Proclamação da República tem uma mudança neste cenário, surgindo partido disso os conselhos de intendência Municipal.

A intendência municipal era formada por 9 membros sendo presidida pelo intendente e com passar do tempo as câmaras municipais foram restauradas, mas aí já compondo o poder legislativo algo mais próximo do que temos hoje e as intendências gerindo o município no âmbito do poder executivo.

A criação das intendias tinha por escopo a descentralização do poder e uma forma de renegar ao esquecimento todos os símbolos que lembrasse a organização da monarquia.

Com início da Ditadura de Getúlio Vargas da década de 1930 põe fim ao legislativo municipal junto com os intendentes e passa ser nomeados os Prefeitos e está situação também ocorreu na poca da Ditatura Militar onde os prefeitos era nomeados pelo presidente militar e a título curiosidade a última cidade a ter voto em prefeito foi santos que até 1985 tinha prefeito nomeado pelos militares.

Como se elege um prefeito

O prefeito e leito através de voto direto, ou seja, o candidato que atingir a maioria e leito podendo haver segundo turno em municípios com amis de 200 mil eleitores.

O mandato tem a duração de 4 anos sendo permitido uma reeleição para o cargo conforme previsto na nossa constituição.

Qual a função de um prefeito

O prefeito e o líder do poder executivo no âmbito municipal tendo como suas funções gerir orçamento da cidade para prestação de serviços essenciais, nomear seus assessores para esta administração que recebem nome de secretários, que assumem pastas importantes como educação e segurança por exemplos.

O trabalho do prefeito tem como seu campo de atuação a mobilidade urbana, transporte público, educação e saudade sendo que este dois último existem com base de sistema tripartite aonde o município e estado e o governo federal trabalham juntos desde questão de verbas quanto a própria administração em si.

E um dos trabalhos mais importante do prefeito e trabalho de zeladoria da cidade aonde ele e responsável pela limpeza do município, iluminação pública, manutenção das vias entre outro.

E dinheiro para este tipo de serviço 'restados são oriundos das cobranças de dois impostos que pertencem ao município sendo p primeiro o IPTU (imposto predial e territorial urbano) e ISS (imposto sobre serviços), então todas as vezes que você ver o quanto você paga por estes impostos lembre de cobrar seu prefeito para que ele respeito seu dinheiro e use para seu município.

Requisitos para ser prefeito

Para ser prefeito e necessário homologar sua candidatura e ganhar o pleito municipal, estar filiado a um partido político, preencher os critérios objetivos:

- Ser Brasileiro
- Ser alfabetizado
- Ter idade mínima de 21 anos
- Morar no município que se candidatou por pelo menos um ano
- Não ter parentesco com prefeito atual
- Estar em dia com justiça eleitoral
- Gozar de plenos direitos políticos
- Homens deve ainda está em dia com serviço militar obrigatório

Vereador

Este e o primeiro cargo no âmbito do legislativo que vamos no debruçar, e cargo do legislativo no âmbito da esfera municipal.

O vereador tem seu mandato estipulado por 4 anos permitindo que seja reeleito sem limitação a sua reeleição, e sua eleição acontece junto com pleito para prefeito tendo como requisito ser maior de 18 anos.

Durante o império romano já tínhamos a existência de um cargo que exercia atribuições equivalentes à de um vereador que tinha sua denominação de EDIL, tendo a etimologia da palavra vereador em *verea* do latim pessoa que veria, pessoa que orienta a tomadas de decisões.

Durante a união ibérica seguia a ordenações Filipinas de 1603 que determinava eleições de três em três anos, era permitido somente a homens bons (maior de 25 anos, casados, católicos, que possuíam grande riquezas) poderia se candidatar.

Eles tinha como competência zelar pela administração da cidade, propor a criação de novos impostos e fiscalizavam os outros cargos públicos, e melhoramento da infraestrutura da vila ou município.

Durante o período republicano do Brasil as câmaras municipais foram fechadas em duas ocasiões sendo a primeira por determinação de Getúlio Vargas após a revolução de 1930, e segunda em 1937 após instalação da ditadura no país e ficando fechada até 1947.

Qual função de um vereador

A carta magna determina quantos vereadores cada cidade pode ter com base no artigo 29 da CF:

Art. 29. O Município reger-se-á por lei orgânica, votada em dois turnos, com o interstício mínimo de dez dias, e aprovada por dois terços dos membros da Câmara Municipal, que a promulgará, atendidos os princípios estabelecidos nesta Constituição, na Constituição do respectivo Estado e os seguintes preceitos:

I - Eleição do Prefeito, do Vice-Prefeito e dos Vereadores, para mandato de quatro anos, mediante pleito direto e simultâneo realizado em todo o País;

IV - Número de Vereadores proporcional à população do Município, observados os seguintes limites:

a) mínimo de nove e máximo de vinte e um nos Municípios de até um milhão de habitantes;

b) mínimo de trinta e três e máximo de quarenta e um nos Municípios de mais de um milhão e menos de cinco milhões de habitantes;

c) mínimo de quarenta e dois e máximo de cinquenta e cinco nos Municípios de mais de cinco milhões de habitantes;

IV - Para a composição das Câmaras Municipais, será observado o limite máximo de: (Redação dada pela Emenda Constituição Constitucional nº 58, de 2009) (Produção de efeito) (Vide ADIN 4307)

a) 9 (nove) Vereadores, nos Municípios de até 15.000 (quinze mil) habitantes; (Redação dada pela Emenda Constituição Constitucional nº 58, de 2009)

b) 11 (onze) Vereadores, nos Municípios de mais de 15.000 (quinze mil) habitantes e de até 30.000 (trinta mil) habitantes; (Redação dada pela Emenda Constituição Constitucional nº 58, de 2009)

c) 13 (treze) Vereadores, nos Municípios com mais de 30.000 (trinta mil) habitantes e de até 50.000 (cinquenta mil) habitantes; (Redação dada pela Emenda Constituição Constitucional nº 58, de 2009)

d) 15 (quinze) Vereadores, nos Municípios de mais de 50.000 (cinquenta mil) habitantes e de até 80.000 (oitenta mil) habitantes; (Incluída pela Emenda Constituição Constitucional nº 58, de 2009)

e) 17 (dezessete) Vereadores, nos Municípios de mais de 80.000 (oitenta mil) habitantes e de até 120.000 (cento e vinte mil) habitantes; (Incluída pela Emenda Constituição Constitucional nº 58, de 2009)

f) 19 (dezenove) Vereadores, nos Municípios de mais de 120.000 (cento e vinte mil) habitantes e de até 160.000 (cento sessenta mil) habitantes; (Incluída pela Emenda Constituição Constitucional nº 58, de 2009)

g) 21 (vinte e um) Vereadores, nos Municípios de mais de 160.000 (cento e sessenta mil) habitantes e de até 300.000 (trezentos mil) habitantes; (Incluída pela Emenda Constituição Constitucional nº 58, de 2009)

h) 23 (vinte e três) Vereadores, nos Municípios de mais de 300.000 (trezentos mil) habitantes e de até 450.000 (quatrocentos e cinquenta mil) habitantes; (Incluída pela Emenda Constituição Constitucional nº 58, de 2009)

i) 25 (vinte e cinco) Vereadores, nos Municípios de mais de 450.000 (quatrocentos e cinquenta mil) habitantes e de até 600.000 (seiscentos mil) habitantes; (Incluída pela Emenda Constituição Constitucional nº 58, de 2009)

j) 27 (vinte e sete) Vereadores, nos Municípios de mais de 600.000 (seiscentos mil) habitantes e de até 750.000 (setecentos cinquenta mil) habitantes; (Incluída pela Emenda Constituição Constitucional nº 58, de 2009)

k) 29 (vinte e nove) Vereadores, nos Municípios de mais de 750.000 (setecentos e cinquenta mil) habitantes e de até 900.000 (novecentos mil) habitantes; (Incluída pela Emenda Constituição Constitucional nº 58, de 2009)

l) 31 (trinta e um) Vereadores, nos Municípios de mais de 900.000 (novecentos mil) habitantes e de até 1.050.000 (um milhão e cinquenta mil) habitantes; (Incluída pela Emenda Constituição Constitucional nº 58, de 2009)

m) 33 (trinta e três) Vereadores, nos Municípios de mais de 1.050.000 (um milhão e cinquenta mil) habitantes e de até 1.200.000 (um milhão e duzentos mil) habitantes; (Incluída pela

Emenda Constituição Constitucional nº 58, de 2009)

n) 35 (trinta e cinco) Vereadores, nos Municípios de mais de 1.200.000 (um milhão e duzentos mil) habitantes e de até 1.350.000 (um milhão e trezentos e cinquenta mil) habitantes; (Incluída pela Emenda Constituição Constitucional nº 58, de 2009)

o) 37 (trinta e sete) Vereadores, nos Municípios de 1.350.000 (um milhão e trezentos e cinquenta mil) habitantes e de até 1.500.000 (um milhão e quinhentos mil) habitantes; (Incluída pela Emenda Constituição Constitucional nº 58, de 2009)

p) 39 (trinta e nove) Vereadores, nos Municípios de mais de 1.500.000 (um milhão e quinhentos mil) habitantes e de até 1.800.000 (um milhão e oitocentos mil) habitantes; (Incluída pela Emenda Constituição Constitucional nº 58, de 2009)

q) 41 (quarenta e um) Vereadores, nos Municípios de mais de 1.800.000 (um milhão e oitocentos mil) habitantes e de até 2.400.000 (dois milhões e quatrocentos mil) habitantes; (Incluída pela Emenda Constituição Constitucional nº 58, de 2009)

r) 43 (quarenta e três) Vereadores, nos Municípios de mais de 2.400.000 (dois milhões e quatrocentos mil) habitantes e de até 3.000.000 (três milhões) de habitantes; (Incluída pela Emenda Constituição Constitucional nº 58, de 2009)

s) 45 (quarenta e cinco) Vereadores, nos Municípios de mais de 3.000.000 (três milhões) de habitantes e de até 4.000.000 (quatro milhões) de habitantes; (Incluída pela Emenda Constituição Constitucional nº 58, de 2009)

t) 47 (quarenta e sete) Vereadores, nos Municípios de mais de 4.000.000 (quatro milhões) de habitantes e de até 5.000.000 (cinco milhões) de habitantes; (Incluída pela Emenda Constituição Constitucional nº 58, de 2009)

u) 49 (quarenta e nove) Vereadores, nos Municípios de mais de 5.000.000 (cinco milhões) de habitantes e de até 6.000.000 (seis milhões) de habitantes; (Incluída pela Emenda Constituição Constitucional nº 58, de 2009)

v) 51 (cinquenta e um) Vereadores, nos Municípios de mais de 6.000.000 (seis milhões) de habitantes e de até 7.000.000 (sete milhões) de habitantes; (Incluída pela Emenda Constituição Constitucional nº 58, de 2009)

w) 53 (cinquenta e três) Vereadores, nos Municípios de mais de 7.000.000 (sete milhões) de habitantes e de até 8.000.000 (oito milhões) de habitantes; e (Incluída pela Emenda Constituição Constitucional nº 58, de 2009)

> x) 55 (cinquenta e cinco) Vereadores, nos Municípios de mais de 8.000.000 (oito milhões) de habitantes; (Incluída pela Emenda Constituição Constitucional nº 58, de 2009)

O vereador tem suas atribuições limitadas ao município, tendo como seu papel básico atuar no debate, proposição e aprovação de leis em âmbito municipal, quer atendar os interesses e demandas locais, e cabe também fiscalizar os atos tomados pelo prefeito verificando se os interesses da população estão sendo respeitados.

Vamos elencar suas atribuições pois sabemos que é comum que durante a campanha principalmente para cargo de vereador são feitas promessas que serão impossível de ser cumpridas devido a fugir de sua competência que são:

- Votar leis municipais
- Votar o orçamento municipal anual
- Vetar decretos feitos pelo prefeito
- Derrubar decretos municipais
- Modificação criação ou anulação de cargos públicos no âmbito municipal
- Nomeação de logradouros
- Participar da criação do plano diretor
- Criação de bairros e zoneamentos
- Tombamento de construção como patrimônio cultural do município
- Monitorar contas do município para impedir uso indevido de verbas publicas
- Monitorar ações do prefeito (poder executivo)

- Criação de Comissão parlamentar de inquérito em âmbito municipal

Governador

O governador e o representante do poder executivo no âmbito estadual ele e eleito a cada quatro anos sendo permitido apenas uma reeleição, tendo como requisitos para ocupar o cargo:

- Ser alfabetizado
- Terna nacionalidade brasileira
- Ser domiciliado no estado que pretende a concorrer pelo menos um ano antes do pleito
- Ter no mínimo 30 anos
- Estar filiado a um partido político pelo menos 6 meses ante das eleições

No Brasil atualmente contamos com 27 governadores sendo 26 estados e amis 1 do distrito federal, governo tem com uma de suas atribuições a interlocuções entre o governo federal e os municípios.

O governador tem a incumbência de representar o esta do em nível nacional procurando investimento em seus estados junto ao governo federal como também a execução de obras de infraestrutura.

A competência do governador elas são encontroadas na constituição no artigo;

> *Art. 23. É competência comum da União, dos Estados, do Distrito Federal e dos Municípios:*
>
> *I - Zelar pela guarda da Constituição, das leis e das instituições democráticas e conservar o patrimônio público;*

II - Cuidar da saúde e assistência pública, da proteção e garantia das pessoas portadoras de deficiência; (Vide ADPF 672)

III - proteger os documentos, as obras e outros bens de valor histórico, artístico e cultural, os monumentos, as paisagens naturais notáveis e os sítios arqueológicos;

IV - Impedir a evasão, a destruição e a descaracterização de obras de arte e de outros bens de valor histórico, artístico ou cultural;

V - Proporcionar os meios de acesso à cultura, à educação, à ciência, à tecnologia, à pesquisa e à inovação; (Redação dada pela Emenda Constitucional nº 85, de 2015)

VI - Proteger o meio ambiente e combater a poluição em qualquer de suas formas;

VII - preservar as florestas, a fauna e a flora;

VIII - fomentar a produção agropecuária e organizar o abastecimento alimentar;

IX - Promover programas de construção de moradias e a melhoria das condições habitacionais e de saneamento básico; (Vide ADPF 672)

X - Combater as causas da pobreza e os fatores de marginalização, promovendo a integração social dos setores desfavorecidos;

XI - registrar, acompanhar e fiscalizar as concessões de direitos de pesquisa e exploração de recursos hídricos e minerais em seus territórios;

XII - estabelecer e implantar política de educação para a segurança do trânsito.

O governador tem algumas funções que são definidas por lei e vamos aqui relacionar as 8 mais importantes que são:

1. SEGURANÇA PUBLICA: O governador e comandantes das polícias militares, polícia civil, polícia cientifica e bombeiros militares ficando responsável por conduzir e as políticas de segurança pública como nomear os devidos comandantes, e nomear as promoções dentro destas carreiras como também promover concurso público para adentrar as devidas carreira.
2. INFRAESTRUTURA: como a construção e administração de estradas, portos, aeroportos, transporte intermunicipal e interestadual.
3. ORÇAMENTO ESTADUAL: devendo apresentar as assembleias legislativas o Plano plurianual (PPA), lei

de diretrizes orçamentarias (LDO), lei orçamentaria anual (LOA).
4. CONSEGUIR INVESTIMENTOS; o governador como representante de estado ele pode pleitear verbas juntos ao governo federal como também buscar investimento na iniciativa privada através de parcerias público privadas.
5. PARTICIPAÇÃO NO PROCESSO LEGISLATIVO: podendo editar decretos ou mesmo propor leis estaduais a fim de atender ao anseio da população ou mesmo o interesse da administração pública.
6. SISTEMA PRISIONAL: geralmente todo sistema prisional e de responsabilidade do governado tendo com únicas exceções são os presídios de segurança máxima federais que aí já tem sua administração ligada ao governo federal que tem o famosos RDD (regime disciplinar diferenciado) que dado a bandidos de alta periculosidade e que os estados com

seus recursos não consiga fazer o cumprimento da devida pena como e caso de chefe de facções criminosas.

7. EDUAÇÃO: como já explicamos anteriormente a educação segue o sistema tripartite tendo sua competência dividia em três união estado e municípios então como via de regar a educação básica e pré escolar fica a cargo do município já ensino médio do estado e nível superior a união, mas isto e só regra geral tendo suas exceções e lei não fazendo nenhuma limitação que um ou outro possa oferecer qualquer nível de ensino.

8. SAUDE: a saúde como na educação segue o mesmo sistema tendo sua competência dívida entre as três esferas de poder

Como podemos ver até aqui, entendo que a administração pública que mais infere nosso cotidiano e a municipal e estadual que podem agir diretamente na qualidade de vida de nossa comunidade mas existe um fenômeno em nosso pais que a eleições que nossa nação tem como mais importante e federal porem ela interferem muito menos em nosso dia a dia do que as duas esferas de poder sempre lembrado que toda mas toda eleição e muito e importante uma vez que ela e nosso exercício de liberdade então espero que com esta obra possamos olhar como são tão importantes cada pelito a cada voto e com se déssemos uma autorização para que nosso modo de vida seja modificado e nos liberdade certa forma inclusive tolhida.

Deputado estadual

O deputado estadual integra o poder legislativo no âmbito estadual tendo suas ações limitadas a territorialidade do estado.

Tem seu mandato definido por um período de 4 anos podendo se reeleger para quantas vezes assim o quiser, para ocupar o cargo de deputado deve ser respeitado alguns critérios objetivos que são:

- Possuir nacionalidade brasileira
- Idade mínima de 21 anos
- Ser domiciliado no estado a qual concorre a vaga
- Estar filiado a um partido político
- Estar gozando de seus direitos políticos

- E estar filiado a um partido político

Agora ao contrário de outros cargos a eleição direta a de deputado e pelo sistema proporcional, passa pelo quesito de quociente eleitoral que consiste em determinar pela divisão d da quantidade de votos validos pelo número de vagas a preencher, ou seja, QE = n° de votos validos /n° de lugares a preencher conforme previsto no artigo 106 caput do código eleitoral.

> *Art. 106. Determina-se o quociente eleitoral dividindo-se o número de votos válidos apurados pelo de lugares a preencher em cada circunscrição eleitoral, desprezada a fração se igual ou inferior a meio, equivalente a um, se superior.*

Depois de chegar ao quociente eleitoral e preciso determinar o quociente partidário, ele e determinado pela divisão dos votos validos dado a legenda, ou seja, QP = n° votos validos recebidos pela coligação conforme previsto no artigo 107 do código eleitoral.

> *Art. 107. Determina-se para cada partido o quociente partidário dividindo-se pelo quociente eleitoral o número de votos válidos dados sob a mesma legenda, desprezada a fração. (Redação dada pela Lei n°14.211, de 2021)*

Outra peculiaridade a respeito do cargo de deputado estadual e quando tratamos do dos deputados distritais (deputados do distrito federal) que são mesma coisa que deputado estaduais porem eles tem uma pequena diferença eles também assume a função de vereador pois o distrito federal e considerado um estado da federação e um município ao mesmo tempo, pois o distrito federal e um estado com somente um único município que é Brasília.

Cada ente da federação tem o seu número específico de deputados, este número se baseia na quantidade população de cada estado, ele realiza suas atividades na assembleia legislativas.

Atividades de deputado estadual

Como já vimos que deputado estadual e membro do legislativo então sua atividade originaria e proposição de projetos de leis que visem atualizar o conjunto de normas estaduais como também inovações afins de atender o anseio da população estadual.

E tendo como base o sistema de freios e contra pesos o deputado tem que realizar fiscalização do executivo de seu estado (governador).

Podendo propor alteração nos impostos estaduais, e com isto devendo definir o orçamento estadual anual estabelecendo os gastos que executivo estadual e distribuição dos recursos dentro do estado.

Neste escopo financeiro podemos apontar algumas funções bem importantes:

- Realizar apontamentos incoerentes legais e administrativos
- Requerer alterações governamentais
- Questionar gastos do executivo
- Realocação de gastos
- Instaurar um CPI

Como podemos perceber os deputados estaduais tem sua competência com certo esvaziamento, imaginando o que poderia ser uma vez que nós viemos em uma federação então em tese os estados deveria ter uma autonomia maior, mas temos nosso pacto federativo sabor de jabuticaba, sendo uma forma única restando ao estado uma competência residual em relação ao governo federal.

Deputado federal

Agora chegamos a esfera federal, e deputado e uma dos representantes do poder legislativo, porem como vimos na questão municipal e estadual o legislativa era unicameral no caso do município os vereadores eram legislativo n âmbito municipal já deputados estaduais na esfera estadual, porem o legislativo a nível federal adota o sistema bicameral que aonde deputados federais compõe uma casa legislativa e tem sua competência legislativa dívida com senadores que são segunda casa do poder legislativo federal.

Entendido o sistema bicameral, câmara dos deputados que o local de trabalho de um deputado federal ela e conhecida como casa do povo devido à natureza do cargo do deputado federal que representa do povo, e isto e comum ver este erro quando pensamos nos senadores que comum acharmos que eles representa sociedade, mas não e bem assim os senadores são representante de cada estado membro da federação e de forma secundaria eles representam a vontades da sociedade.

A câmara dos deputados e compostas por 513 deputados que tem sua eleição como os deputados estaduais com quociente eleitoral, não tendo voto majoritário e sim e necessário fazer cálculos dos votos (explicado no capítulo de deputado estadual) com sistema proporcional cada estado de acordo com número de habitantes terá seu número de representantes.

Encontramos esta composição prevista no artigo 45 da constituição federal:

> *Art. 45. A Câmara dos Deputados compõe-se de representantes do povo, eleitos, pelo sistema proporcional, em cada Estado, em cada Território e no Distrito Federal.*
>
> *§ 1º O número total de Deputados, bem como a representação por Estado e pelo Distrito Federal, será estabelecido por lei complementar, proporcionalmente à população, procedendo-se aos ajustes necessários, no ano anterior às eleições, para que nenhuma daquelas unidades da Federação tenha menos de oito ou mais de setenta Deputados.*
> *(Vide Lei Complementar nº 78, de 1993)*
>
> *§ 2º Cada Território elegerá quatro Deputados.*

E podemos ver esta regulamentação na lei complementar nº78 de 1993:

> *Art. 1º Proporcional à população dos Estados e do Distrito Federal, o número de deputados federais não ultrapassará quinhentos e treze representantes, fornecida, pela Fundação Instituto Brasileiro de Geografia e Estatística, no ano anterior às eleições, a atualização estatística demográfica das unidades da Federação.*
>
> *Parágrafo único. Feitos os cálculos da representação dos Estados e do Distrito Federal, o Tribunal Superior Eleitoral fornecerá aos Tribunais Regionais Eleitorais e aos partidos políticos o número de vagas a serem disputadas.*
>
> *Art. 2º Nenhum dos Estados membros da Federação terá menos de oito deputados federais.*

Parágrafo único. Cada Território Federal será representado por quatro deputados federais.

Art. 3º O Estado mais populoso será representado por setenta deputados federais.

Art. 4º Esta Lei Complementar entra em vigor na data de sua publicação.

Art. 5º Revogam-se as disposições em contrário.

Como nos demais cargos do legislativo visto já nesse livro o mandato do deputado e de 4 anos não havendo limite de reeleições possíveis, com os seguintes requisitos para o cargo:

- Possuir nacionalidade brasileira
- Estar em pleno gozo dos direitos políticos
- Ter domicílio no estado por qual se candidatar
- Ter idade mínima de 21 anos

Quais as funções de um deputado federal

Eles tem por função originaria proposição de projeto de leis, mas neste caso com uma competência muito maior, seus projetos pode alcançar até a constituição podendo mudar o acrescentar alguns artigos através de emenda à constituição, então podemos ver que sua amplitude de temas que pode abordar na sua função legislativa e plena ao contrário das outras esferas que tem sua limitação de territorialidade ou de temas.

Tem também propor emendas em projetos do governo a derrubada de vetos do presidente da república mais uma maneira que sistema de freios e contra pessoas se aplica, tem direito de editar decreto legislativos que visa derrubar os efeitos de decretos editados pelo presidente quanto este violarem a lei ou quando avançar na competência.

Para exercer sua função de fiscalização do poder executivo e de fiscalização de assuntos relevante ao interesse público o deputado de como ferramenta a instauração de CPI (comissão parlamentar de inquérito) mas como no legislativo temos o sistema bicameral existe também a CPMI (comissão parlamentar mista de inquérito) quando as duas casas o senado e a câmara de deputados se junta para a produção do inquérito.

Os deputados também podem convocar autoridades para prestar esclarecimento a respeito de fatos de interesse público, por exemplo convocação a ministro da economia par esclarecer plano econômico.

A fiscalização de contas públicas que pode contar coma ajuda do tribunal de conta da união, podendo também requer informações para órgãos governamentais.

Sendo a câmara a casa do povo e deputado seu representante ele coordena e convoca a participação popular através de:

- Audiências publicas
- Projetos de iniciativa popular
- Discussões de questões relevantes nacionais ou locais
- Reuniões dom grupos da sociedade

Tem como função originaria de determinação do orçamento da união e referente a verbas destinadas a estados municípios para execução de obras ou de políticas públicas, tendo como:

- Financiamento de projetos estaduais com emenda de bancada
- Emenda individuais impositivas para saúde

- Emendas individuais para outros projetos
- Negociação de verbas aos municípios
- Destinação do relator a financiamento de projetos

O artigo 51 da constituição traz a competência privativa da câmara dos deputados sendo que somente a câmara poderá exercer estas atividades elencadas no artigo:

> *Art. 51. Compete privativamente à Câmara dos Deputados:*
>
> *I - Autorizar, por dois terços de seus membros, a instauração de processo contra o Presidente e o Vice-Presidente da República e os Ministros de Estado;*
>
> *II - Proceder à tomada de contas do Presidente da República, quando não apresentadas ao*

Congresso Nacional dentro de sessenta dias após a abertura da sessão legislativa;

III - elaborar seu regimento interno;

IV - Dispor sobre sua organização, funcionamento, polícia, criação, transformação ou extinção dos cargos, empregos e funções de seus serviços, e a iniciativa de lei para fixação da respectiva remuneração, observados os parâmetros estabelecidos na lei de diretrizes orçamentárias; (Redação dada pela Emenda Constitucional nº 19, de 1998)

V - Eleger membros do Conselho da República, nos termos do art. 89, VII.

Os deputados para exerce sua atividade tem algumas prerrogativas que para destas formas eles não tenha medo para exercer sua atividade e defender os interesses da população, encontramos estas prerrogativas no artigo 53 da CF:

> Art. 53. Os Deputados e Senadores são invioláveis, civil e penalmente, por quaisquer de suas opiniões, palavras e votos. (Redação dada pela Emenda Constitucional nº 35, de 2001)
>
> § 1º Os Deputados e Senadores, desde a expedição do diploma, serão submetidos a julgamento perante o Supremo Tribunal Federal. (Redação dada pela Emenda Constitucional nº 35, de 2001)
>
> § 2º Desde a expedição do diploma, os membros do Congresso Nacional não poderão ser presos,

salvo em flagrante de crime inafiançável. Nesse caso, os autos serão remetidos dentro de vinte e quatro horas à Casa respectiva, para que, pelo voto da maioria de seus membros, resolva sobre a prisão. (Redação dada pela Emenda Constitucional nº 35, de 2001)

§ 3º Recebida a denúncia contra o Senador ou Deputado, por crime ocorrido após a diplomação, o Supremo Tribunal Federal dará ciência à Casa respectiva, que, por iniciativa de partido político nela representado e pelo voto da maioria de seus membros, poderá, até a decisão final, sustar o andamento da ação. (Redação dada pela Emenda Constitucional nº 35, de 2001)

§ 4º O pedido de sustação será apreciado pela Casa respectiva no prazo improrrogável de quarenta e cinco dias do seu recebimento pela Mesa Diretora. (Redação dada pela Emenda Constitucional nº 35, de 2001)

§ 5º A sustação do processo suspende a prescrição, enquanto durar o mandato. (Redação dada pela Emenda Constitucional nº 35, de 2001)

§ 6º Os Deputados e Senadores não serão obrigados a testemunhar sobre informações recebidas ou prestadas em razão do exercício do mandato, nem sobre as pessoas que lhes confiaram ou deles receberam informações. (Redação dada pela Emenda Constitucional nº 35, de 2001)

§ 7º A incorporação às Forças Armadas de Deputados e Senadores, embora militares e ainda que em tempo de guerra, dependerá de prévia licença da Casa respectiva. (Redação dada pela Emenda Constitucional nº 35, de 2001)

§ 8º As imunidades de Deputados ou Senadores subsistirão durante o estado de sítio, só podendo ser suspensas mediante o voto de dois terços dos

> membros da Casa respectiva, nos casos de atos praticados fora do recinto do Congresso Nacional, que sejam incompatíveis com a execução da medida. (Incluído pela Emenda Constitucional nº 35, de 200)

Devemos aqui ressaltar mesmo não sendo objetivo deste livro, mas como podemos ler no artigo 53 da constituição o direito à liberdade de expressão dos deputados senadores são absolutos, ou seja, não existe limitação ou condições para que suas palavras votos ou qualquer manifestação seja limitada, e hoje que vemos e querer ser implementar uma limitação a este direito porem não foi isto que o legislador original preconizou em nossa constituição.

E com tristeza que vemos este avanço e desrespeito a constituição, como podemos ver no caso do Deputado Federal Daniel Silveira que teve seu mandato cassado e preso por conta de um vídeo onde ele atacava membros do STF, mesmo não concordando com as palavras proferidas pelo parlamentar e achando extremamente reprovável sua atitude, porem ele se encontrava abarcado pela inviolabilidade prevista no artigo 53.

E quando temos violações a constituição e legislação vigente isto afasta o estado democrático de DIREITO, tendo a democracia afastada o que nos resta e barbárie que se o império da lei não existe violara o que lei do mais forte do mais violento e por isto que menos não concordando e inclusive reprovando as falas do Deputado Daniel Silveira, luto e exponho aqui que o artigo 53 não foi respeitado e sendo assim vítima de uma injustiça, e como não gostaria de viver em uma sociedade aonde não fossemos regulados por lei devemos lutar por esta injustiça e não permitir que ela sejam esquecidas.

E segundo aspecto que podemos tirar deste casso prático e que nossas leis e nossa constituição deve respeitada e não aplicada de forma seletiva que onde se caracteriza por uma aplicação de lei de forma seletiva são a ditaduras que tem como seu lema "aos meus amigos a benesses da lei e aos meus inimigos o rigor da lei", então é inadmissível aplicação seletiva de nossa legislação e dever de todo cidadão brasileiro a defesa de nossa DEMOCRACIA.

Congresso nacional

Com o sistema bicameral agindo conjuntamente leva nome de congresso nacional e importante fazermos a leitura do artigo 48 da constituição federal para entendermos quais as atribuições do congresso:

> *Art. 48. Cabe ao Congresso Nacional, com a sanção do Presidente da República, não exigida está para o especificado nos arts. 49, 51 e 52, dispor sobre todas as matérias de competência da União, especialmente sobre:*
>
> *I - Sistema tributário, arrecadação e distribuição de rendas;*

II - Plano plurianual, diretrizes orçamentárias, orçamento anual, operações de crédito, dívida pública e emissões de curso forçado;

III - fixação e modificação do efetivo das Forças Armadas;

IV - Planos e programas nacionais, regionais e setoriais de desenvolvimento;

V - Limites do território nacional, espaço aéreo e marítimo e bens do domínio da União;

VI - Incorporação, subdivisão ou desmembramento de áreas de Territórios ou Estados, ouvidas as respectivas Assembleias Legislativas;

VII - transferência temporária da sede do Governo Federal;

VIII - concessão de anistia;

X - Organização administrativa, judiciária, do Ministério Público e da Defensoria Pública da

União e dos Territórios e organização judiciária e do Ministério Público do Distrito Federal; (Redação dada pela Emenda Constitucional nº 69, de 2012) (Produção de efeito)

X - Criação, transformação e extinção de cargos, empregos e funções públicas, observado o que estabelece o art. 84, VI, b; (Redação dada pela Emenda Constitucional nº 32, de 2001)

XI - criação e extinção de Ministérios e órgãos da administração pública; (Redação dada pela Emenda Constitucional nº 32, de 2001)

XII - telecomunicações e radiodifusão;

XIII - matéria financeira, cambial e monetária, instituições financeiras e suas operações;

XIV - moeda, seus limites de emissão, e montante da dívida mobiliária federal.

XV - Fixação do subsídio dos Ministros do Supremo Tribunal Federal, observado o que

> *dispõem os arts. 39, § 4º; 150, II; 153, III; e 153, § 2º, I. (Redação dada pela Emenda Constitucional nº 41, 19.12.2003)*

E através da leitura do artigo 49 da constituição podemos identificar a competências exclusiva do congresso nacional:

> *Art. 49. É da competência exclusiva do Congresso Nacional:*
>
> *I - Resolver definitivamente sobre tratados, acordos ou atos internacionais que acarretem encargos ou compromissos gravosos ao patrimônio nacional;*
>
> *II - Autorizar o Presidente da República a declarar guerra, a celebrar a paz, a permitir que forças estrangeiras transitem pelo território nacional ou nele permaneçam temporariamente, ressalvados os casos previstos em lei complementar;*

III - autorizar o Presidente e o Vice-Presidente da República a se ausentarem do País, quando a ausência exceder a quinze dias;

IV - Aprovar o estado de defesa e a intervenção federal, autorizar o estado de sítio, ou suspender qualquer uma dessas medidas;

V - Sustar os atos normativos do Poder Executivo que exorbitem do poder regulamentar ou dos limites de delegação legislativa;

VI - Mudar temporariamente sua sede;

VII - fixar idêntico subsídio para os Deputados Federais e os Senadores, observado o que dispõem os arts. 37, XI, 39, § 4º, 150, II, 153, III, e 153, § 2º, I; (Redação dada pela Emenda Constitucional nº 19, de 1998)

VIII - fixar os subsídios do Presidente e do Vice-Presidente da República e dos Ministros de Estado, observado o que dispõem os arts. 37, XI, 39, § 4º, 150, II, 153, III, e 153, § 2º, I;

(Redação dada pela Emenda Constitucional nº 19, de 1998)

IX - Julgar anualmente as contas prestadas pelo Presidente da República e apreciar os relatórios sobre a execução dos planos de governo;

X - Fiscalizar e controlar, diretamente, ou por qualquer de suas Casas, os atos do Poder Executivo, incluídos os da administração indireta;

XI - zelar pela preservação de sua competência legislativa em face da atribuição normativa dos outros Poderes;

XII - apreciar os atos de concessão e renovação de concessão de emissoras de rádio e televisão;

XIII - escolher dois terços dos membros do Tribunal de Contas da União;

XIV - aprovar iniciativas do Poder Executivo referentes a atividades nucleares;

XV - Autorizar referendo e convocar plebiscito;

XVI - autorizar, em terras indígenas, a exploração e o aproveitamento de recursos hídricos e a pesquisa e lavra de riquezas minerais;

XVII - aprovar, previamente, a alienação ou concessão de terras públicas com área superior a dois mil e quinhentos hectares.

XVIII - decretar o estado de calamidade pública de âmbito nacional previsto nos arts. 167-B, 167-C, 167-D, 167-E, 167-F e 167-G desta Constituição. (Incluído pela Emenda Constitucional nº 109, de 2021)

E assim conseguimos entender esta diferença do sistema bicameral do legislativo federal que leva nome de congresso nacional que está uma grande diferença entre os demais sistemas legislativos na outras esferas.

Senador

    O senador com já dito anteriormente ele representa os interesses do estado nas questões legislativas cada estado tem direito a 3 senadores, que tem basicamente as mesmas funções do que as deputadas federais, e dentro do sistema bicameral vida de regra ele age como casa revisora, dentro deste sistema caberia geralmente a câmara de deputados propor um projeto de lei votar em seu plenário e encaminhar a senado para votar sobre mesmo tema e propor emendas ao projeto.

    O mandato de um senador e sui generis tem duração de 8 anos sendo permitida a reeleição e cagas são renovadas da seguinte maneira 1/3 após 4 anos 2/3 e como pode se perceber eles não seguem a proporção da população e sim uma quantidade fixa por estado, e ao contrário dos demais entes dos legislativos eleição e majoritária (quem atingir maior número de votos está eleito) sendo que os demais entes em todas esfera sengue sistema proporcional de eleição (consultar capítulo de deputado federal).

Para ser senador deve se respeitar os seguintes requisitos:

- Ter nacionalidade brasileira
- Possuir domicílio no estado o qual sai candidato
- Estar em dia com os direitos políticos
- E ter no mínimo 35 anos de idade

Porem cabe ao senador a funções típicas do poder legislativo que fiscalizar e propor lei também como os demais, mas a função mais importante na minha visão que levo a reflexão de vocês para que escolham bem cuidadosamente seus senadores e julgar o crime de responsabilidade dos seguintes cargos:

- Presidente da república
- Ministro do governo
- Ministro do Supremo Tribunal Federal
- Procurador geral da República
- Advogado Geral d União
- Comandante das forças armadas
- Membros do conselho nacional de justiça
- Membros do conselho nacional do ministério publico

Aqui podemos ver muito bem o sistema de freios e contra pesos na prática, conforme relatamos no capítulo anterior a respeito do arbítrio e desrespeito a constituição feito no caso do Deputado Daniel Silveira seria resolvido com julgamento do senado contra o ministro do STF (supremo Tribunal Federal) assim usando o sistema de freios para barrar a tirania cometida por um dos poderes da república e retomando a harmonia entre os poderes e assim mantendo o estado democrático de direito.

Outra função que evidencia o sistema de freios e que cabe o senado avaliar e sabatinar indicados do presidente da república para carago e diretoria quais as indicações são privativas da presidência da república podemos tomar como exemplo o caso do ministro do STF a sua indicação e exclusiva do presidente da república após a sua indicação, ele e sabatinado para senado tendo aprovação do senado ele pode assumir a vaga.

Cabe também exclusivamente ao senado autorizar operações financeiras externas da união, estado e municípios fixar o limite da dívida entre os entes federativos tratar de limite na concessão de garantia da união em operações de crédito externo e interno como também determinar os limites globais da dívida mobiliaria de estados e municípios.

Encontramos o embasamento legal para esta funções no artigo 52 da constituição federal:

> *Art. 52. Compete privativamente ao Senado Federal:*
>
> *I - Processar e julgar o Presidente e o Vice-Presidente da República nos crimes de responsabilidade, bem como os Ministros de Estado e os Comandantes da Marinha, do Exército e da Aeronáutica nos crimes da mesma natureza conexos com aqueles; (Redação dada pela Emenda Constitucional nº 23, de 02/09/99)*
>
> *II processar e julgar os Ministros do Supremo Tribunal Federal, os membros do Conselho Nacional de Justiça e do Conselho Nacional do*

Ministério Público, o Procurador-Geral da República e o Advogado-Geral da União nos crimes de responsabilidade; (Redação dada pela Emenda Constitucional nº 45, de 2004)

III - aprovar previamente, por voto secreto, após argüição pública, a escolha de:

a) Magistrados, nos casos estabelecidos nesta Constituição;

b) Ministros do Tribunal de Contas da União indicados pelo Presidente da República;

c) Governador de Território;

d) Presidente e diretores do banco central;

e) Procurador-Geral da República;

f) titulares de outros cargos que a lei determinar;

IV - Aprovar previamente, por voto secreto, após argüição em sessão secreta, a escolha dos chefes de missão diplomática de caráter permanente;

V - Autorizar operações externas de natureza financeira, de interesse da União, dos Estados, do Distrito Federal, dos Territórios e dos Municípios;

VI - Fixar, por proposta do Presidente da República, limites globais para o montante da dívida consolidada da União, dos Estados, do Distrito Federal e dos Municípios;

VII - dispor sobre limites globais e condições para as operações de crédito externo e interno da União, dos Estados, do Distrito Federal e dos Municípios, de suas autarquias e demais entidades controladas pelo Poder Público federal;

VIII - dispor sobre limites e condições para a concessão de garantia da União em operações de crédito externo e interno;

IX - Estabelecer limites globais e condições para o montante da dívida mobiliária dos Estados, do Distrito Federal e dos Municípios;

X - Suspender a execução, no todo ou em parte, de lei declarada inconstitucional por decisão definitiva do Supremo Tribunal Federal;

XI - aprovar, por maioria absoluta e por voto secreto, a exoneração, de ofício, do Procurador-Geral da República antes do término de seu mandato;

XII - elaborar seu regimento interno;

XIII - dispor sobre sua organização, funcionamento, polícia, criação, transformação ou extinção dos cargos, empregos e funções de seus serviços, e a iniciativa de lei para fixação da respectiva remuneração, observados os parâmetros estabelecidos na lei de diretrizes orçamentárias; (Redação dada pela Emenda Constitucional nº 19, de 1998)

XIV - eleger membros do Conselho da República, nos termos do art. 89, VII.

XV - Avaliar periodicamente a funcionalidade do Sistema Tributário Nacional, em sua estrutura e seus componentes, e o desempenho das administrações tributárias da União, dos Estados e do Distrito Federal e dos Municípios. (Incluído pela Emenda Constitucional nº 42, de 19.12.2003)

Parágrafo único. Nos casos previstos nos incisos I e II, funcionará como Presidente o do Supremo Tribunal Federal, limitando-se a condenação, que somente será proferida por dois terços dos votos do Senado Federal, à perda do cargo, com inabilitação, por oito anos, para o exercício de função pública, sem prejuízo das demais sanções judiciais cabíveis.

Presidente da República

O presidente e líder máximo de uma nação, e principal chefe do poder executivo, além de ter a imensa responsabilidade de administra nosso país e definir políticas econômicas entre aplicação de verbas em setores primordiais como saúde educação e segurança pública.

Mas também o presidente representa nossa nação junto a outros países e nações consagrando acordos propondo políticas externas fortalecendo relações com aliados, desta forma o presidente faz nosso posicionamento na geopolítica.

Para ajudar entender a extrema importância do cargo de presidente vamos usar votos como unidade de medida, como cargo e por eleição majoritário, quem atingir a maioria dos votos ganham a eleição, então não existe ninguém no país que tenha mais votos que o presidente eleito, nível de representação do presidente da república.

Para atingir o posto mais alto do executivo e necessário cumpri os seguintes requisitos:

- Ter no mínimo 35 anos
- Estar em pleno gozo de direitos políticos
- Estar filiado a um partido político
- Ser brasileiro nato (admitido somente pessoas nascidas brasileiras excluindo os naturalizados)
- E não ter substituído o presidente nos últimos 6 meses

Como dizíamos o presidente tem como função originaria administração do país e sua representação e podemos destacar algumas funções com celebração de acordos internacionais, nomeação de ministro do supremo tribunal federal, decreto de estado de sítio e estado de defesa.

Não podemos prosseguir em entender a importância do que se trata decretação de estado de sítio e de defesa, o estado de sítio e um instrumento o qual o chefe do executivo suspende por um tempo o judiciário e o legislativo para proteger contra ameaça estrangeira não podendo passar de trinta dias podendo ser estendido em caso de guerra.

E a forma que deve ser decretado o esta do de sítio se encontra na constituição no artigo 137:

Art. 137. O Presidente da República pode, ouvidos o Conselho da República e o Conselho de Defesa Nacional, solicitar ao Congresso Nacional autorização para decretar o estado de sítio nos casos de:

I - comoção grave de repercussão nacional ou ocorrência de fatos que comprovem a ineficácia de medida tomada durante o estado de defesa;

II - Declaração de estado de guerra ou resposta a agressão armada estrangeira.

Parágrafo único. O Presidente da República, ao solicitar autorização para decretar o estado de sítio ou sua prorrogação, relatará os motivos determinantes do pedido, devendo o Congresso Nacional decidir por maioria absoluta.

O artigo 138 da CF mostra como deve ser formaliza o estado de sítio:

> Art. 138. O decreto do estado de sítio indicará sua duração, as normas necessárias à sua execução e as garantias constitucionais que ficarão suspensas, e, depois de publicado, o Presidente da República designará o executor das medidas específicas e as áreas abrangidas.
>
> § 1º O estado de sítio, no caso do art. 137, I, não poderá ser decretado por mais de trinta dias, nem prorrogado, de cada vez, por prazo superior; no do inciso II, poderá ser decretado por todo o tempo que perdurar a guerra ou a agressão armada estrangeira.
>
> § 2º Solicitada autorização para decretar o estado de sítio durante o recesso parlamentar, o

> Presidente do Senado Federal, de imediato, convocará extraordinariamente o Congresso Nacional para se reunir dentro de cinco dias, a fim de apreciar o ato.
>
> § 3º O Congresso Nacional permanecerá em funcionamento até o término das medidas coercitivas.

Mas como podemos observar não e algo tão banal a decretação de sítio visto que precisa se consultar o conselho da república e necessitando aprovação do congresso nacional e nossa carta magna também deixou bem clara em seus artigos quais situações poderia causar decretação do estado sítio.

E o estado de sítio e uma situação tão excepcional que podem suprimir alguns direitos individuais vou relacionar os diretos que serão suprimido:

- Obrigação de permanência em determinado local
- Restrições a direitos como a inviolabilidade de correspondência
- Suspenção sobre liberdade de reunião
- Direito de busca e apreensão, pelo estado em domicílios
- Intervenção de serviços públicos em empresas particulares e requisição de bens individuais pelo estado

Só que não é um cheque em branco para o presidente da república ele deve relatar mensagens a ao congresso nacional informando todas a medidas que foram tomadas.

Já o estado de defesa e contra um inimigo interno um estado de calamidade pública ou desordem social que venha pôr em risco a estabilidade nacional.

A mecanismos e mesmo do estado de sítio tendo esta divisão ente estado de sítio e defesa meramente doutrinários tendo que ser respeita as mesmas formas.

Conforme vemos no artigo 136 da CF:

> rt. 136. O Presidente da República pode, ouvidos o Conselho da República e o Conselho de Defesa Nacional, decretar estado de defesa para preservar ou prontamente restabelecer, em locais restritos e determinados, a ordem pública ou a paz social ameaçadas por grave e iminente instabilidade institucional ou atingidas por calamidades de grandes proporções na natureza.
>
> § 1º O decreto que instituir o estado de defesa determinará o tempo de sua duração, especificará as áreas a serem abrangidas e indicará, nos termos e limites da lei, as medidas coercitivas a vigorarem, dentre as seguintes:
>
> I - Restrições aos direitos de:

a) reunião, ainda que exercida no seio das associações;

b) sigilo de correspondência;

c) sigilo de comunicação telegráfica e telefônica;

II - Ocupação e uso temporário de bens e serviços públicos, na hipótese de calamidade pública, respondendo a União pelos danos e custos decorrentes.

§ 2º O tempo de duração do estado de defesa não será superior a trinta dias, podendo ser prorrogado uma vez, por igual período, se persistirem as razões que justificaram a sua decretação.

§ 3º Na vigência do estado de defesa:

I - A prisão por crime contra o Estado, determinada pelo executor da medida, será por este comunicada imediatamente ao juiz competente, que a relaxará, se não for legal, facultado ao preso requerer exame de corpo de delito à autoridade policial;

II - A comunicação será acompanhada de declaração, pela autoridade, do estado físico e mental do detido no momento de sua autuação;

III - a prisão ou detenção de qualquer pessoa não poderá ser superior a dez dias, salvo quando autorizada pelo Poder Judiciário;

IV - é vedada a incomunicabilidade do preso.

§ 4º Decretado o estado de defesa ou sua prorrogação, o Presidente da República, dentro de vinte e quatro horas, submeterá o ato com a respectiva justificação ao Congresso Nacional, que decidirá por maioria absoluta.

§ 5º Se o Congresso Nacional estiver em recesso, será convocado, extraordinariamente, no prazo de cinco dias.

§ 6º O Congresso Nacional apreciará o decreto dentro de dez dias contados de seu recebimento, devendo continuar funcionando enquanto vigorar o estado de defesa.

§ 7º Rejeitado o decreto, cessa imediatamente o estado de defesa.

A formação do conselho da república se encontra no artigo 91 da constituição federal:

> Art. 91. O Conselho de Defesa Nacional é órgão de consulta do Presidente da República nos assuntos relacionados com a soberania nacional e a defesa do Estado democrático, e dele participam como membros natos:
>
> I - O Vice-Presidente da República;
>
> II - O Presidente da Câmara dos Deputados;
>
> III - o Presidente do Senado Federal;
>
> IV - O Ministro da Justiça;

V - O Ministro de Estado da Defesa; (Redação dada pela Emenda Constitucional nº 23, de 1999)

VI - O Ministro das Relações Exteriores;

VIII - os Comandantes da Marinha, do Exército e da Aeronáutica. (Incluído pela Emenda Constitucional nº 23, de 1999)

§ 1º Compete ao Conselho de Defesa Nacional:

I - Opinar nas hipóteses de declaração de guerra e de celebração da paz, nos termos desta Constituição;

II - Opinar sobre a decretação do estado de defesa, do estado de sítio e da intervenção federal;

III - propor os critérios e condições de utilização de áreas indispensáveis à segurança do território nacional e opinar sobre seu efetivo uso, especialmente na faixa de fronteira e nas

> relacionadas com a preservação e a exploração dos recursos naturais de qualquer tipo;
>
> IV - Estudar, propor e acompanhar o desenvolvimento de iniciativas necessárias a garantir a independência nacional e a defesa do Estado democrático.
>
> § 2º A lei regulará a organização e o funcionamento do Conselho de Defesa Nacional. (Vide Lei nº 8.183, de 1991)

Muito necessário também entender quem compõe conselho da república que ali que se inicia decretação do estado de sítio e defesa isto se encontra expresso no artigo 89:

> Art. 89. O Conselho da República é órgão superior de consulta do Presidente da República, e dele participam:

I - O Vice-Presidente da República;

II - O Presidente da Câmara dos Deputados;

III - o Presidente do Senado Federal;

IV - Os líderes da maioria e da minoria na Câmara dos Deputados;

V - Os líderes da maioria e da minoria no Senado Federal;

VI - O Ministro da Justiça;

VII - seis cidadãos brasileiros natos, com mais de trinta e cinco anos de idade, sendo dois nomeados pelo Presidente da República, dois eleitos pelo Senado Federal e dois eleitos pela Câmara dos Deputados, todos com mandato de três anos, vedada a recondução.

E a competência do conselho da república que está consagrado no artigo 90 da carta magna que diz:

> Art. 90. Compete ao Conselho da República pronunciar-se sobre:
>
> I - Intervenção federal, estado de defesa e estado de sítio;
>
> II - As questões relevantes para a estabilidade das instituições democráticas.
>
> § 1º O Presidente da República poderá convocar Ministro de Estado para participar da reunião do Conselho, quando constar da pauta questão relacionada com o respectivo Ministério.
>
> § 2º A lei regulará a organização e o funcionamento do Conselho da República. (Vide Lei nº 8.041, de 1990)

E para fechar o tema e importante salientar que o presidente da república e o comodante máximo de das forças armadas, marinha, exército e aeronáutica.

O mandato de presidente tem duração de 4 anos sendo permitida somente uma reeleição para o mandatário, precisando obter 50% dos votos validos.

Cabe também ao presidente propor legislações, editar decretos e vetar lei ou partes das leis como também sancionar exercendo assim o sistema de freios e contra pesos nas funções do congresso, mas como vimos o congresso põe derrubar os vetos do presidente.

As atribuições privativas do presidente da república e previsto no artigo 84 da CF:

> Art. 84. Compete privativamente ao Presidente da República:
>
> I - Nomear e exonerar os Ministros de Estado;
>
> II - Exercer, com o auxílio dos Ministros de Estado, a direção superior da administração federal;
>
> III - iniciar o processo legislativo, na forma e nos casos previstos nesta Constituição;
>
> IV - Sancionar, promulgar e fazer publicar as leis, bem como expedir decretos e regulamentos para sua fiel execução;
>
> V - Vetar projetos de lei, total ou parcialmente;
>
> VI - dispor, mediante decreto, sobre: (Redação dada pela Emenda Constitucional nº 32, de 2001)

a) organização e funcionamento da administração federal, quando não implicar aumento de despesa nem criação ou extinção de órgãos públicos; (Incluída pela Emenda Constitucional nº 32, de 2001)

b) extinção de funções ou cargos públicos, quando vagos; (Incluída pela Emenda Constitucional nº 32, de 2001)

VII - manter relações com Estados estrangeiros e acreditar seus representantes diplomáticos;

VIII - celebrar tratados, convenções e atos internacionais, sujeitos a referendo do Congresso Nacional;

IX - Decretar o estado de defesa e o estado de sítio;

X - Decretar e executar a intervenção federal;

XI - remeter mensagem e plano de governo ao Congresso Nacional por ocasião da abertura da sessão legislativa, expondo a situação do País e solicitando as providências que julgar necessárias;

XII - conceder indulto e comutar penas, com audiência, se necessário, dos órgãos instituídos em lei;

XIII - exercer o comando supremo das Forças Armadas, nomear os Comandantes da Marinha, do Exército e da Aeronáutica, promover seus oficiais-generais e nomeá-los para os cargos que lhes são privativos; (Redação dada pela Emenda Constitucional nº 23, de 02/09/99)

XIV - nomear, após aprovação pelo Senado Federal, os Ministros do Supremo Tribunal Federal e dos Tribunais Superiores, os Governadores de Territórios, o Procurador-Geral da República, o presidente e os diretores do banco central e outros servidores, quando determinado em lei;

XV - Nomear, observado o disposto no art. 73, os Ministros do Tribunal de Contas da União;

XVI - nomear os magistrados, nos casos previstos nesta Constituição, e o Advogado-Geral da União;

XVII - nomear membros do Conselho da República, nos termos do art. 89, VII;

XVIII - convocar e presidir o Conselho da República e o Conselho de Defesa Nacional;

XIX - declarar guerra, no caso de agressão estrangeira, autorizado pelo Congresso Nacional ou referendado por ele, quando ocorrida no intervalo das sessões legislativas, e, nas mesmas condições, decretar, total ou parcialmente, a mobilização nacional;

XX - Celebrar a paz, autorizado ou com o referendo do Congresso Nacional;

XXI - conferir condecorações e distinções honoríficas;

XXII - permitir, nos casos previstos em lei complementar, que forças estrangeiras transitem pelo território nacional ou nele permaneçam temporariamente;

XXIII - enviar ao Congresso Nacional o plano plurianual, o projeto de lei de diretrizes orçamentárias e as propostas de orçamento previstos nesta Constituição;

XXIV - prestar, anualmente, ao Congresso Nacional, dentro de sessenta dias após a abertura da sessão legislativa, as contas referentes ao exercício anterior;

XXV - prover e extinguir os cargos públicos federais, na forma da lei;

XXVI - editar medidas provisórias com força de lei, nos termos do art. 62;

XXVII - exercer outras atribuições previstas nesta Constituição.

XXVIII - propor ao Congresso Nacional a decretação do estado de calamidade pública de âmbito nacional previsto nos arts. 167-B, 167-C, 167-D, 167-E, 167-F e 167-G desta Constituição. (Incluído pela Emenda Constitucional nº 109, de 2021)

Parágrafo único. O Presidente da República poderá delegar as atribuições mencionadas nos incisos VI, XII e XXV, primeira parte, aos Ministros de Estado, ao Procurador-Geral da República ou ao Advogado-Geral da União, que observarão os limites traçados nas respectivas delegações.

Conclusões

Como podemos ver ao longo deste livro o voto tanto no direito de votar como de ser votado e segue um paralelo a liberdade humana, sendo a maior representação de seu livre arbítrio.

Ao longo da história da humanidade vivemos a todo momento uma verdadeira tentativa constante de suprimir o sufrágio universal, hora por questões culturais outra com legislação.

Mas tudo isto e um subterfugio para única coisa que infelizmente guiou nossa humanidade que o controle pelo poder e fica bem claro quando vamos como todo poder totalitário age ele vai dando uma sensação a todos que as pessoas que estão sobre este governo que elas tem o direito de escolha e que suas escolhas serão respeitadas, par que assim se crie uma verdadeira prisão que onde seus enfeites esconde suas grades e trancas.

E hoje vivemos um momento especial da história da humanidade aonde podemos se comunicar de rápida e maravilhosa ter acesso a conhecimentos graças a nossa internet como também aos aparelhos eletrônicos que nos acompanham nosso uso diário, não podemos mais abrir mão disso e passar a respeitar mais nosso tempo empregado na utilização desta tecnologia devemos reservar algumas horas de nosso dia extremamente corrido para prender mais sobre política que só assim podemos alcança a verdadeira liberdade.

Que a política sempre foi a ferramenta mais utilizada para controle social impondo cultura, como uso ostensivo de força ou até com criações de leis, e para entender isto de forma simples uso a seguinte frase "Ou você tem seus planos ou você faz arte dos planos alguém", quando

Thomas Hobbes faz sua teoria do contrato social ele dizia que o homem quando permite que tenha um governo ele abre a mão de parte de sua liberdade para que isto seja tutelado pelo estado, que homem em seu estado natural faria o que teria vontade.

Então fica muito claro que quando nos reunimos em grupos estamos abrindo a mão de parte de sua liberdade para que assim a liberdade que te resta seja respeitada, e podemos gozar de liberdade individuais, e podermos exercer um pouco de paz.

Só que a política não é feita só de teorias bacanas como esta temos terias nefasta como comunismo idealizado por Carl Marx que diz que o estado deve controlar tudo e que o cidadão não deve gozar de nenhuma liberdade que o estado deve decidir por ele que esta teoria que utilizada como base para nossa esquerda brasileira que prega este socialismo bolivariano.

E infelizmente a maioria das pessoas não tem nem sequer ideia destas teorias todas que afetam totalmente no dia-dia de todo nos brasileiros, elas acabam não dando valor ao seu voto como pudemos ver na última eleição de 2022 no Brasil tivemos uma abstenção recorde (pessoas que deixaram de votar) e quando pessoa deixam de votar e como elas não demostrassem a suas opiniões políticas e que não se posicionassem de que tipo de vida querem ter e como elas não tivesse dado lavor a sua liberdade que como podemos ver ao longo de nossa história e bem mais cobiçado que temos que ao longo da história tivemos derramamentos de sangue e mortes para conquista esta liberdade.

Como vocês já puderam notar sou de direita e preso pela liberdade como meu bem mais precioso acredito nisto primeiramente pois Deus me deu livre arbítrio e respeita minhas escolhas e este maior sinal de liberdade que pode existir, então não tenho como abrir mão e única forma de garantir e respeitar esta condição e aprendendo entendo mais sobre política e exercer o direito do sufrágio universal.

E não podemos aqui ficar falando somente só direito de votar temos também que exercer o direito de ser votado que como podemos ver ao longo deste livro que também está parte do sufrágio foi sempre muito limitada criando regras para quem poderia ser votado para desta forma também o controle sempre está ao mesmo grupos de pessoas e com este livro espero ter mostrado que possível se candidatar pois graças a Deus e muita luta temos neste regras bem democráticas pra poder ser votado, coisa que por muito momento s na história isto foi limitado inclusive de nosso país.

O direito só mantido quando exercemos ele, como dissemos acima nosso momento histórico está extremamente favorável para exercer o direito, como eleição do Presidente Jair Messias Bolsonaro isto ficou comprovado que possível fazer uma campanha sem recurso com uso da internet e de equipamentos básicos como nosso celular para isto, então convido você a que está lendo este livro tem uma ideia sobre qual a sociedade que gostaria de viver, escolha um cargo agora que já sabemos qual a atuação de cada cargo e vá exercer este direito, e vamos começar a mudar a sociedade.

Porque não adianta ficar naquele discurso pueril que na política somente tem pessoas que não presta incompetentes, e sim pode realmente ter, mas este cenário só muda com pessoas boas entrando nela com verdadeira vontade de fazer diferente, sei que você meu caro leitor e uma desta pessoas pois chegou te aqui lendo um livro se informando mais sobre que seu voto é, qual importância ele tem.

Que e com muita tristeza o que vemos na política pessoas cada vez mais despreparadas falando sobre o que se quer tem conhecimento para poder está lidando, e durante a campanha vendendo ilusões que chamas será capaz de cumprir e pessoas inocentemente acaba acreditando por falta de entender o que aquele cargo vai por fazer, agora sabe que este mal intencionado que está vendendo ilusão e aquele sujeito que por inocência e sem saber ao certo o que o cargo dele faz acaba prometendo e criando a mesma ilusão.

E a única maneira de quebrarmos esta situação e ocupando os espaços, que como sabemos não existe vácuo, se você não ocupar estes espaços alguém vai ocupar e esta pessoa que acaba ocupando ela tem a consciência que se tiver concorrência ele não vai ocupar o cargo começa as limitações do nosso sufrágio e aí entramos no mesmo círculo.

E que precisa ficar claro e que somente conseguiremos implementar na sociedade o que acreditamos fazendo este esforço de entender o que pensa seu candidato o que ele pensa quais são suas propostas se naquele cargo especifico pode implementar esta mudanças ou se pelo menos pode ideologicamente ajudar a propagar, ou se elegendo, posso trazer como exemplo meu pensamento a respeito de liberdade armada, eu acredito que todo cidadão teve ter o direito de ter e portar armas de forma irrestrita, acredito que inclusive armas e munições deveriam ser vendida livremente como qualquer outro produto e vendido, sobre este exemplo polemico tenho que deixa claro que armas são apenas objetos o que matam pessoas são pessoas não podemos culpar objetos por decisões e atitudes de pessoas, mas isto e tema para um outro livro, mas para implementar esta minha teoria tenho que procurar políticos que tenha declarado abertamente ser armamentista, procurar o político através de redes sociais e sua assessoria e pergunta de que forma que ele acha que o armamento deve ser implementado colidindo com que penso voto nele, segunda opção e eu mesmo me candidatar.

Tomando este exemplo armamentista a qual cargo deveria me candidatar caso queira que sociedade viva o que descrevi?

Veja que bacana após conhecer o que cada cargo pode fazer e qual suas funções só me resta a candidatura a três cargos sendo eles: deputado federal, senador e presidente da república que somente estes 3 cargos tem com sua competência propor ou legislar sobre este tema, então caso chegue um veador propondo liberar armas por mais que seja uma Idea parecida com minha não será possível pois não é competência dele para legislar sobre este tema.

Como na própria bíblia já vem nos dizendo em João 8:32:

> *"Conhecerão a verdade, e a verdade vos libertará"*

Então temos que usar todos recurso à nossa disposição para não sermos mais enganos por não conhecer alguma coisa então temos que ter habito mesmo que de trabalho e entendo quão a rotina pode ser pesada cansativa e quase impossível de arrumar um tempo para se checar informações e buscar conhecimento, mas temos que imaginar que nossa liberdade como uma pequena planta que se não cuidarmos com atenção e regar ela com conhecimento todos os dias, ela irá secar e murchar, ai uma vez perdida a liberdade pode levar um vida séculos até que se consiga retomar ou inclusive se quer pode ser recuperar quantas nações deixaram de existir como escravos.

E como já foi dito este livro tem como objetivo de ser primeiro passo para entender o que seria seu voto, mas isto não basta, após aprender este básico , ter checado se estas informações são verdadeiras e corretas, que isto e outra coisa que tem que está em modo automático em nosso pensar, recebeu um informação ou aprendizado não importa se foi em um livro televisão ou qualquer outro meio deve sempre checar e verificar, então isto sido feito deve ser ir aprofundando procurar filósofos de pensamento político teorias, para a partir daí você se encontrar como teorias e ideologias e pensamentos que você identifica e seguir assim sempre em evolução que sempre será conhecimento nossa maior arma contra tirania.

Depois de ter visto todas esferas de poder do estado, ficou claro que a campanha mais próxima de você eleitor, são as eleições municipais e terá oportunidade começar a fazer seu voto valer porque dependendo do tamanho de seu município vereador ou prefeito pedirá seu voto pessoalmente ai vai surgir a oportunidade de questionar de forma seria sobre sua proposta e que farão se caso eleito, evitando que você jogue seu voto e sua liberdade votando no Zezinho do gás porque ele e "legal" e sim porque ele melhor candidato.

Quero agradecer você meu caro leitor de ter me acompanhado até aqui nesta jornada para entendermos o voto e sua importância todo o conceito de liberdade que ele representa e espero que este livro tenha e ajudado a entender de forma inicial nosso sistema político brasileiro que a partir deste passo você amplie ainda mais seu conhecimento e que sirva de motivador para não somente vota certo como também para ser votado, com este conhecimento possa ser um multiplicador e possamos tirar um tijolinho por vez do muro da ignorância política que nos fez perecer por tanto tempo hora sendo engando hora votando em pessoas sem menor preparo para exercer o cargo ao qual se candidatou.

Lembrando sempre que votar e exercer sua liberdade e amis do que uma obrigação e uma demonstração de patriotismo, mais do que isto e um ato de amor que somente através de discussão séria e relevantes com conhecimento poderemos mudar a política fazer de nossa nação um pais livre fraternal, e que possamos nem que seja de forma pequena deixar este país melhor do que recebemos em nosso nascimento e que as gerações futuras possam viver em uma nação a qual começamos idealizar e melhorar, que Deus sempre espera que possamos ser uma versão melhor de nós mesmo, muito obrigado e aguardo vocês em próximos livros.

www.ingramcontent.com/pod-product-compliance
Lightning Source LLC
Chambersburg PA
CBHW020421220526
45464CB00002B/517